Taschenschmöker aus Vergangenheit und Gegenwart

Taschenschmöker aus Vergangenheit und Gegenwart

Neu und wieder aufgelegt

Berlin 2015

Die Rose vom Dong-Giang

Eine romantische Novelle aus Cochinchina von

Emilio Salgari

Aus dem Italienischen von Gerd Frank

Edition Dornbrunnen

Taschenschmöker aus Vergangenheit und Gegenwart

Deutscher Text nach der Originalausgabe

Übersetzung aus dem Italienischen von Gerd Frank
(La rosa del Dong-Giang)

Korrekturen und Lektorat: Jenny Florstedt

Illustrationen von Adriano Minardi (1857 – 1938)

Die Deutsche Nationalbibliothek verzeichnet diese Publikation in der Deutschen Nationalbibliografie; detaillierte bibliografische Daten sind im Internet über
http://dnb.d-nb.de
abrufbar.

1. Auflage 2015

ISBN 978-3-943275-11-7

Sven-R. Schulz, Dornbrunner Straße 16, 12437 Berlin
www.edition-dornbrunnen.de
Titelgestaltung: Sven-R. Schulz unter Verwendung einer Originalillustration von
Adriano Minardi

Druck und Vertrieb: Book on Demand GmbH, Norderstedt
PNTS13

Inhalt

1. Kapitel
Der Gefangene

Als in der Nacht des 28. Februar 1861 das annamitische Heer[1] von den französisch-spanischen Waffen besiegt worden war, flüchteten die Truppen vollkommen chaotisch in alle möglichen Richtungen und überließen die Stadt Saigon den Händen der Sieger. Ein großes Ruderboot, das kühn die Durchfahrt zwischen den französischen Schiffen erzwungen hatte, fuhr nun schnell den Dong-Giang, einem sehr schönen Fluss im unteren Cochinchina[2], der in den Tan-binch-giang mündet, hinauf.

Es war eine jener Galeeren, welche die Bewohner der dortigen Gegend *Balon*[3] nennen und die man aus riesigen Teakholzbäumen von mindestens vierzig Metern herausschält. Sie sind schwer und sehr solide, vorne und hinten jeweils erhöht und mit Büschen aus bunten Federn und Banderolen aus Seide geschmückt.

Die Mitte des Decks wurde von einer eleganten Kuppel eingenommen, die von goldenen Säulen gestützt und einem weiten, offenen Schattendach gekrönt wurde; an den Spieren flatterte die Goldflamme[4].

---

[1] Vietnamesisches Heer.

[2] Alte Bezeichnung für den Süden Vietnams und des östlichen Kambodschas.

[3] Siamesisches Ruderschiff.

[4] Als Goldflamme, bzw. Oriflamme wurde eigentlich die Kriegsfahne der französischen Könige bezeichnet, die aber zum Zeitpunkt der Handlung ohnehin nicht mehr gebräuchlich war und ganz sicher nicht auf einem annamitischen Kriegsschiff. Wahrscheinlich verwendete Salgari den Begriff synonym mit Kriegsflagge, wobei die annamitische Flagge jener Zeit tatsächlich von gelber (goldener) Grundfarbe war und in einigen Fällen auch einen geflammten Rand hatte.

Fünfzig halbnackte Männer mit flachen Gesichtern, schrägstehenden Augen und gelber Hautfarbe ruderten in einer Doppelreihe unter größter Anstrengung. Andere jedoch waren besser gekleidet, nämlich mit Jacken aus roter Seide, Hosen und Federhüten; doch ihre Köpfe und Gliedmaßen waren in bluttränkte Verbände gewickelt.

Sie lagen ausgestreckt auf dem Heck durcheinander und pressten grimmig ihre langen Büchsen, die vermutlich aus einer Fabrik in Saint Ètienne stammten und vor wer weiß vor wie vielen Jahren importiert worden waren, fest an sich.

Unter der Kuppel ruhten auf kostbaren Seidenkissen und weichen – mit kräftigen Farben bemalten – Matten, zwei rauchende Männer.

Der eine war mit den Abzeichen des Generals der Truppen von Lanh-binch, einer annamitischen Provinz geschmückt, der andere mit denen eines Marineleutnants. Der Erste war ein Mann von etwa fünfzig Jahren, er war groß und breitschultrig und schien eine ungewöhnliche Kraft zu besitzen. Er hatte ein stolzes, männliches Gesicht, das von einem dünnen Bart umrandet war. Der andere dagegen war jünger, er mochte in den Zwanzigern sein und wirkte recht beweglich; er sah nicht so ausdrucksstark aus, seine Haut war nicht so stark gebräunt.

Beide schienen in der blutigen Schlacht dieses Tages eine aktive Rolle gespielt zu haben, denn ihre seidenen und goldbesticken Jacken und auch ihre Hosen waren zerrissen, außerdem schlammbedeckt und blutbesudelt. Die Turbane waren pulvergeschwärzt, ihre breiten Säbel an mehreren Stellen angesplittert und rot verfärbt. Keiner der beiden sprach; ihre gesamte Aufmerksamkeit schien auf den Unterlauf des Flusses gerichtet zu sein. Dort konnte man inmitten tiefer Dunkelheit von Zeit zu Zeit durch Öffnungen im Dickicht sehen, wie sich in wilden, schlangenartigen Zuckungen Zungen aus Feuer im grellen Lichtschein verbreiteten. Die verbliebenen Schanzen Saigons und die letzten umliegenden Dörfer, um welche die Fliehenden erbittert gekämpft hatten, wurden von ihnen erbarmungslos verschlungen …

Immer wieder zuckten die beiden Männer zusammen und griffen unwillkürlich nach ihren Säbeln, wenn das tiefe Schweigen der Wälder durch die dröhnende Stimme der Kanonen unterbrochen wurde.

Der *Balon* hatte bereits eine große Wegstrecke zurückgelegt und sich immer mehr von dem düsteren Kampfgeschehen entfernt, als sich der General einen Ruck gab.

»Was für ein verhängnisvoller Tag!«, rief er wütend, während er sich erhob, an den Rand des Bootes trat und seine Zigarette wegwarf. »Jetzt ist alles für uns verloren.«

»Sei nicht so mutlos, Tay-Shung!«, sagte der Leutnant. »Ein Tag allein genügt nicht, um die Söhne des unteren Cochinchina zu besiegen.«

»Warum machst du dir etwas vor, Ca Bong? Keine Anstrengung der Welt wird diese Eindringlinge aufhalten können, jetzt, da Saigon in ihre Hände gefallen ist und unsere Truppen beinahe vollständig aufgerieben worden sind.«

»Aber warum sollten wir diese Ausländer nicht doch noch vernichten können?«

»Auf welche Weise denn? Es bleibt uns nichts anderes übrig, als zu fliehen oder uns töten zu lassen.«

»Aber warum sind sie überhaupt hierhergekommen und in unsere Provinz eingefallen? Was haben wir den Spaniern und Franzosen denn Schlimmes getan? Sind wir etwa in ihre Länder und Städte eingedrungen, um diese zu verwüsten?«

»Die Schuld daran hat unser König, mein Lieber. Diese Invasion verdanken wir den drei armen Männern, die unschuldig enthauptet worden sind.«

»Ist das dein Ernst, Tay-Shung?«

»Ja, das ist es, Ca Bong. Tu-Duc[1], unser König, hat wie schon sein Großvater eine Sünde begangen, als er während seiner Herrschaft die weißen Missionare nicht dulden wollte: 1852 hat er den Priester Bonard, 1857 den Bischof Diaz und 1858 den Priester Melchior enthaupten lassen. Der Tod dieser

[1] Vierter Kaiser der vietnamesischen Nguyen-Dynastie (1829–1883).

drei Männer ist der Grund, weswegen sich die Franzosen und Spanier geschworen haben, uns nach dem Lärm der Kanonen tanzen zu lassen.«

»Ach, ist es wirklich so? Aber warum hat Tu-Duc diese armen Missionare denn köpfen lassen, die nur zu uns gekommen sind, um uns die Kultur des Fernen Westens zu bringen? Sie haben nie etwas Böses getan!«

»Unser König leidet geradezu an einer fixen Idee: Er fürchtet sich vor der Kultur der Europäer.«

»Und wir haben nun die Last dieses unglückseligen Krieges auf den Schultern. Können wir diese Söhne des Westens nicht aus unserem Land jagen? Ich denke, dass sie sich mit der blutigen Niederlage, die sie uns zugefügt haben, begnügen sollten.«

»Jetzt, da sie uns besiegt haben, werden sie nicht mehr verschwinden, sondern mit der Invasion in unsere Provinzen weitermachen.«

»Glaubst du, dass wir ihnen da keinen Widerstand leisten werden?«

»Das hast du in Saigon gesehen.«

»Aber wir haben viele Leute, Tay-Shung, und Waffen; und auch an Mut fehlt es uns nicht.«

»Ja, genau – dank unserer großen Anzahl, unseren Waffen und unseres Mutes befinden wir uns auf der Flucht«, sagte der General finster. »Auch ich hatte geglaubt, dass wir siegen würden; auch ich hielt mich für so stark, dass ich meinte, den Spaniern des Oberst Gutiérrez[1] gegenüber im Vorteil zu sein und den Feind bei den Festungen von Kiloa und Fùan-Keou abwehren zu können, jedoch musste ich einsehen, dass ich ihnen gegenüber zu schwach war und Hals über Kopf fliehen musste …«

»Das heißt, dass alles verloren ist.«

»Ja, alles, Ca Bong. Saigon ist eingenommen, die Küste durch die Flotte des Konteradmirals Page[2] blockiert und unser Heer ist auf der Flucht. Was willst du da noch machen?«

---

[1] Carlos Palanca y Gutiérrez (1819–1876) war ein spanischer Offizier und Diplomat.

[2] Théogène François Page (1807–1867) war ein französischer Admiral und Militärgouverneur in Indochina.

»Aber du bist doch stark, du hast in Bien-hoa Soldaten und kannst noch kämpfen …«

»Und wer sagt, dass Tay-Shung nicht kämpfen wird?«, rief der General. »Sag dem Feind, dass er mich in Bien-hoa angreifen soll, wenn er dazu imstande ist! Sag dem Feind, dass er sich vor den Augen Tay-Sees zeigen soll, falls er den Mut dazu hat! Tay-Shung wird ihn in die Flucht schlagen und in den Fluten des Dong-Giang ersäufen. Ach, wenn ich Tay-See nicht gesehen hätte, dann säße ich nicht in diesem Boot.«

»Wo denn dann?«

»Ich würde hinter den Mauern Saigons kämpfen.«

»Aber vergebens … Ach, Tay-Shung! … Dann liebst du also diese Frau sehr?«

»Bis zum Verrücktwerden, bis zum Wahnsinn, Ca Bong. Dieses übernatürliche Wesen fasziniert mich. Für ein einziges Lächeln von ihren immer kühlen und immer stummen Lippen würde ich – ich weiß nicht was für eine – Dummheit begehen … Wenn du willst, dann springe ich gleich jetzt beim Beginn unseres Rückzugs, wenn die Kartätschen neben mir einschlagen, wie ein Tiger zwischen die Soldaten des Oberst Gutiérrez und packe einen Offizier, um ihm meine Klinge zehn Zoll in die Brust zu pflanzen oder ihm zumindest eine prächtige Halskette zu entreißen, die ich Tay-See schenken werde … Und wenn du willst, gehe ich auch mitten zwischen die Schiffe des Konteradmirals Page, um den Dong-Giang zu erreichen und meine Tay-See zu verteidigen! O du erhabenes Wesen, du zarte Rose vom Dong-Giang, wie sehr liebe ich dich! Doch sie liebt mich nicht und wird mir vielleicht niemals gehören!«

»Still!«, rief Ca Bong plötzlich und zog seinen Säbel.

»Was ist los?«

Man hörte aus einer Entfernung von etwa einer halben Meile einen Schuss aus einer Arkebuse[1], dann einen zweiten, einen dritten und schließlich allgemeines Gewehrfeuer. Tay-Shung und Ca Bong hasteten aus ihrem Verschlag, um zu

[1] Auch Hakenbüchse, war ein vor allem im 15. und 16. Jahrhundert gebräuchlicher Vorderlader. In Asien wurde sie teilweise bis ins frühe 20. Jahrhundert verwendet.

lauschen, und richteten ihre Blicke auf den Oberlauf des Flusses.

Die Soldaten hatten sich inzwischen wie ein Mann erhoben, und mit ihren Musketen versehen. Sie glaubten, von irgendeinem französisch-spanischen Trupp bedroht zu werden, während die Ruderer ihren Rhythmus verlangsamten, um sich die Enterhaken zurechtzulegen.

»Nun, was ist denn los?«, fragte Tay-Shung.

»Ich weiß nicht mehr als du, General«, antwortete der Bootsführer. »Doch wir sind auf der Hut, denn das Schilf am Ufer ist ziemlich dicht und könnte Feinde verbergen.«

»Die uns dann mit Kanonen beschössen, nicht?«, fragte Ca Bong.

»Das glaube ich nicht«, antwortete Tay-Shung, »denn nur die großen Dampfschiffe führen Kanonen mit sich. Wer hat deren laute Stimme gehört?«

»Niemand«, versicherte ein Ruderer für alle.

»Seid jedenfalls auf alles vorbereitet und bereit für Feinde oder Freunde – und ihr anderen Burschen bedient tüchtig die Ruder. Um die Mittagszeit möchte ich in Bien-hoa sein, um dort *Nuoc nam*[1] zu essen und einen Becher Rûon-manch[2] zu schlürfen, selbst wenn ich an einem Kanonenboot vorbeikommen sollte.«

Auf ein Nicken des Bootsführers hin wurden fünfzig Paddel bewundernswert gleichmäßig bedient und der *Balon* nahm, indem er sich in der Mitte des Flusses hielt, Fahrt auf.

Die Soldaten richteten ihre Musketen nach dem bewaldeten Ufer, denn dort lagen sehr ausgedehnte Reisfelder, auf denen sowohl *Kang*[3] als auch *Hu'n*[4] angebaut wurde.

Der *Balon* hatte etwa fünfhundert Meter zurückgelegt, als Ca Bong, der aufrecht am Bug stand, einen menschlichen Körper bemerkte, den die Strömung mit sich trieb.

---

[1] Pikante Sauce, die auf fermentiertem Fisch basiert.

[2] Fermentierter Reislikör.

[3] Reis mit kleinen und aromatischen Körnern.

[4] Grobkörniger Klebreis.

»Schau nach Steuerbord«, rief er. »Da ist ein Ertrunkener, Tay-Shung!«

»Oh, oh«, murmelte der General, der sich soeben zwischen den Fingern eine neue Zigarette rollte. »Ist es einer von uns oder irgendein verdammtes Weißgesicht? Heh, Tuan, halte auf ihn zu und hol' ihn an Bord!«

»In Ordnung, Tay-Shung«, antwortete der Bootsführer.

Der Ertrunkene trieb in die Richtung des linken Ufers, wo er zwischen Sappanzweigen[1] hängen blieb, aber auf eine Weise, dass sein Kopf über Wasser gehalten wurde. Der geschickt gelenkte *Balon* erreichte ihn in wenigen Augenblicken und Ca Bong, der den Mann an der Jacke fasste, hievte ihn an Bord und ließ ihn auf eine Schilfmatte gleiten.

Der Kleidung nach zu urteilen, die er trug, war er ein spanischer Offizier von etwa sechsundzwanzig oder achtundzwanzig Jahren, der überdurchschnittlich groß, sehr stattlich gebaut und sehr schön war. Er hatte ein männliches und kühnes Gesicht, das durch einen hübschen Schnurrbart überschattet wurde, langes und tiefschwarzes, metallisch glänzendes Haar und einen braunen, samtartigen Teint, wie ihn die Kreolen haben.

Tay-Shung betrachtete ihn lange finster, dann fragte er knapp und fast bedauernd:

»Ist er tot?«

Ca Bong legte eine Hand auf das Herz des Spaniers und sagte nach einem kurzen Moment:

»Nein, General, das Herz schlägt noch.«

»Dann wirf ihn in den Fluss, damit die Fische ein Fest feiern können.«

»Und wenn wir ihn stattdessen mit nach Bien-hoa nehmen?«

»Du hast recht. Unsere Leute werden sich freuen, wenn sie zusehen können, wie er gegen irgendeinen wilden Tiger kämpft. Versuche also, ihn wiederzubeleben.«

Ca Bong entkleidete den Gefangenen, wobei ihm einige Soldaten halfen, rieb ihm dann zunächst sanft, danach aber

[1] Sappanholz ist ein ostindisches Farbholz, das auch als Japanholz bezeichnet wird (unechtes, rotes Sandelholz). Bei Salgari heißt es versehentlich »sappau«.

kräftig die Brust, zwang ihn mit der Säbelspitze die Zähne auseinander, die er zusammengebissen hatte, und flößte ihm dann ein paar Tropfen Reisschnaps in den Hals.

Ein heftiger Schauder schüttelte die Glieder des Spaniers. Er nieste ein paarmal, dann öffnete er die Augen und blickte sich verwundert um.

»Du bist robust, mein Freund«, sagte Ca Bong grinsend. »Komm, trink' noch einen Schluck, er wird dir gut tun.«

Das weitere Einflößen von Rûon-manch bewirkte tatsächlich eine vollständige Verwandlung des Offiziers. Kaum erkannte er die Männer, die ihn umstanden, da fuhr seine Rechte nach seiner Hüfte, wie wenn sie nach dem Säbel suchte, der allerdings nicht mehr vorhanden war.

»Ganz ruhig, mein Hübscher!«, sagte Ca Bong. »Du siehst, dass jeder Widerstand unnütz ist – jedenfalls im Moment. Und nun gestatte, dass ich dir meinen General, Tay-Shung, den Kommandanten von Bien-hoa, vorstelle.«

Bei diesem Namen zuckte der Spanier zusammen. Er setzte sich aufrecht hin und betrachtete den annamitischen General aufmerksam.

»Tay-Shung«, murmelte er, nachdem er ihn eine Minute lang unverwandt angestarrt hatte.

»Kennst du mich vielleicht?«, fragte der General.

Der Spanier antwortete nicht.

»Wenn ich mich nicht täusche«, fuhr Tay-Shung hasserfüllt fort, »dann bist du einer von denen, die uns unter den Stadtmauern von Kiloa eine Abreibung verpasst haben. Aber eine solche wirst du nun auch von uns bekommen, allerdings erst später in Bien-hoa, und zwar durch Prankenhiebe.«

Der Offizier erschauerte erneut und wurde ein wenig blass.

»Sag mir, du stolzer junger Mann, bist du ein Spanier?«

»Nein, ich bin ein Franzose«, antwortete der Gefangene.

»Aha, ein Franzose also, in der Haut eines Spaniers. Wirst du Mut haben?«

»Das hast du ja in Kiloa gesehen. Ich könnte schwören, dort deine Fersen gesehen zu haben.«

Die Stirn des Generals umwölkte sich. Seine Hand legte sich um den Griff seines Krummsäbels, doch beherrschte er sich sofort.

»Wir werden sehen, ob du noch so großspurig sein wirst, wenn dir die Klauen des Tigers die Brust zerfetzen. He, Ca Bong, ich übergebe diesen jungen Mann deiner Obhut.«

Er legte sich wieder auf seine Kissen, zündete sich eine Zigarette an und begann, ungerührt zu rauchen.

Währenddessen schoss der *Balon* mit der Schnelligkeit eines Pfeils vorwärts. Er sah aus wie ein glänzender Meteor, der an einem dichten grünen Wald aus prächtigen Sappanbäumen (deren Holz so farbig wie ein Lagerplatz ist), an üppigen Mangostauden, an mit riesigen Blättern geschmückten Palmen und sich dahin schlängelnden *Cay-ho-thieû*-Sträuchern scharfen Pfeffers, vorbeiglitt.

Um zehn Uhr morgens, als die Sonne bereits seit mehreren Stunden glühend heiß über dem fruchtbaren Land brannte, tauchten an den Ufern des Flusses kleine – in kräftiges Grün getauchte – Dörfer und prächtige Tempel auf; etwas weiter entfernt – an den Hängen der Berge – zeigten sich größtenteils verfallene Burgen und Schanzen, die offenbar schon mehr als einen Angriff überstanden hatten.

Drei Stunden später meldete Ca Bong an einer Flussbiegung Bien-hoa. Eine Stadt, deren Tempel mit golden funkelnden Firsten, deren Stadtwälle und die aus sonnverbrannten Lehmziegeln erbauten und von leuchtend bemalten Säulen gestützten Häuser sich inmitten üppiger Plantagen erhoben.

Tay-Shung, der den Leutnant gehört hatte, seufzte, als ob ihm ein großer Stein vom Herzen gefallen wäre, und ließ den *Gong*[1] schlagen. Bei dessen dröhnendem Ton eilte im Nu die gesamte Bevölkerung im wilden Durcheinander ans Ufer herbei.

»Mut, meine Kinder!«, rief er an seine Krieger gewandt. »Seid Männer!«

[1] Gongs sind eine Art großer Glocken, die im Fernen Osten sehr gebräuchlich sind.

Der *Balon* legte nach wenigen Ruderschlägen an. Die Alten, Frauen und Kinder standen dicht aneinander gedrängt am Ufer und hielten unter den wenigen Überlebenden besorgt Ausschau nach dem Vater, dem Gatten, dem Geliebten, dem Bruder oder dem Sohn.

Tay-Shung warf einen Blick ans Ufer und stieß einen tiefen Seufzer aus.

»Es ist immer das Gleiche«, murmelte er. »Alle kommen sie, um ihre Angehörigen zu umarmen, aber sie denkt nicht an mich.«

Er sprang als Erster an Land, wobei er mit Freudengeschrei, aber auch mit dem herzzerreißenden Schluchzen der Frauen, die unter den wenigen Kriegern ihre Lieben nicht entdeckt hatten, empfangen wurde.

Tay-Shung kaute die *Trau*[1], die ihm sogleich von den Honoratioren der Stadt angeboten worden war. Nachdem er seinen Leuten aufgetragen hatte, den Gefangenen gut zu bewachen, entfernte er sich – gefolgt von seinem Leutnant – schnellen Schrittes und strebte seinem eigenen Heim zu. Nach fünf Minuten stand er vor einem schönen Haus, das aus Ziegelsteinen erbaut, mit einem bogenförmigen Dach versehen und von Holzsäulen gestützt war. Diese waren lieblich bemalt und von einer riesigen Veranda umgeben, welche mit den betörend duftenden Blumen Indochinas geradezu zugestellt war.

»Tay-See, Tay-See!«, rief er mit bebender Stimme.

Auf diesen Ruf hin ertönte keine Antwort. Tay-Shung spürte einen Schauer der Sorge und wurde bleich.

»Ob sie ausgegangen oder etwa krank geworden ist?«, fragte er mit bebender Stimme.

»Vielleicht hat sie sich hingelegt, um auszuruhen?«, beruhigte ihn Ca Bong.

»Ich habe Angst, Ca Bong! Die zarte Blume könnte verwelkt sein, seit ich sie verlassen habe.«

»Mach dir keine Sorgen!«

---

[1] Sehr aromatische, in Betelblätter gewickelte Nüsse, die in Indochina und Malaysia in großen Mengen verzehrt werden.

In der Türe erschien ein junges und verführerisches Geschöpf von bewundernswerter Gestalt. Diese Frau war Tay-See.

»Tay-See!«, wiederholte Tay-Shung. »Meine süße Rose!«

Bei diesem zweiten Ruf öffnete sich die Türe und es erschien ein junges und verführerisches Geschöpf von bewundernswerter Gestalt, die in ein langes, blaues Seidenhemd gehüllt war. Diese Frau war Tay-See.

2. Kapitel
Tay-See

Tay-See war wohl noch keine siebzehn Jahre alt und galt allgemein als das anmutigste, aber auch seltsamste Wesen im Tal des Dong-Giang-Flusses.

Sie war eine duftende Blume, welcher der Atem Buddhas menschliche Form gegeben hatte, wie die Einheimischen in ihrer malerischen und poetischen Sprache zu sagen pflegten.

Sie war klein, schlank, überaus zart und geschmeidig und hatte üppiges Haar, das feiner als Seide und schwärzer als der Flügel eines Raben war.

Ihr Gesicht war außergewöhnlich schön; die Züge waren von gediegener Reinheit. Sie hatte eine sehr weiße, beinahe durchsichtige Haut, große, melancholische und immer feucht glänzende Augen, einen kleinen Mund, der beim Öffnen wundervolle Zähne zeigte, die weiß wie Elfenbein und glänzender als die hellsten Perlen Ceylons waren.

Vor zwei Jahren hatte Tay-Shung sie ans Ufer des Dong-Giang gebracht; doch trotz der langen Zeit hatte kein Bewohner des Tales jemals gesehen, dass ein heiteres Lächeln die kleinen Lippen umspielt hätte; niemals war dieses seltsame Wesen – nicht einmal für einen einzigen Augenblick – selbst bei Festen, Treffen oder Tänzen, anders als ernst aufgetreten. Stets wirkte sie traurig, schwermütig, schweigsam, als ob ein großer, qualvoller Schmerz ihr kleines Herz bedrücken würde.

Lediglich nachts, in gewissen Phasen des Jahres, besonders dann, wenn Tay-Shung nicht bei ihr weilte, konnte man sehen, wie sie ganz spät noch das Haus verließ und ganz allein im düsteren Schatten der großen Wälder dahin wanderte. Manchmal verbrachte sie die Zeit bis zum Morgengrauen auch auf irgendeinem Felsen, der über das Wasser in den Fluss hineinragte – in einer Haltung, als wolle sie sich ins Leere stürzen.

In solchen Nächten konnte man hören, wie sie mit ihren

kindlichen Fingern klagende Töne auf einer siamesischen *Tro*[1] spielte, die man einer hiesigen *Pi*[2] nicht hätte entlocken können, und die man nie zuvor gehört hatte.

Wenn die Stille am tiefsten und die Dunkelheit am größten war, sang sie in einer fremden, vollständig unbekannten Sprache Lieder voller Trauer, die einem gebrochenen Herzen Ausdruck verleihen und den Kummer der Seele zu lindern scheinen.

Über diese Streifzüge in den großen Wäldern machten seltsame Gerüchte die Runde. Soldaten, die während der Nacht die Schanzen bewachen sollten, erzählten, dass sie wie ein Geist über die höchsten Wipfel der *Cay-sao*[3] geflogen sei, um sich mit den Himmelsgeistern zu vereinigen. Und man erzählte außerdem, dass sie genau um Mitternacht, beim Ton der *Tro* die Toten angerufen habe und hundert Flammen, die Seelen der Verstorbenen, erschienen seien, und um sie herum getanzt hätten. Einige Leute versicherten, gesehen zu haben, wie sie sich unter einigen Bäumen in eine zarte Rose verwandelt habe, um danach mit den Blumen und Kräutern der Hügel zu flüstern. Andere behaupteten, gesehen zu haben, wie sie sich in einen leuchtenden Stern verwandelte, der dann seinen Platz am Himmel eingenommen habe. Wieder andere wollten sie überrascht haben, als der Mond hinter den hohen Bergen aufgegangen war und sie zu einem dunklen Vogel geworden sei, der sich ganz schnell in die Richtung des Meeres entfernt habe, um erst beim Morgengrauen zurückzukehren.

Eines Tages aber hörten alle diese geheimnisvollen Ausflüge auf, kursierten keine Gerüchte mehr und auch die *Tro* der Rose vom Dong-Giang war nicht mehr zu hören. Sie war von einer sehr schweren Krankheit befallen worden, einer seltsamen Krankheit, welche sich keiner der Ärzte des gesamten Tales erklären konnte. Die schönen, leuchtenden Augen hatten ihren Glanz verloren, ihre schneeweiße Haut ihre Frische; es schien,

[1] Ein Saiteninstrument.

[2] Eine Art Bambusflöte, die vor allem im Norden Thailands gebräuchlich ist.

[3] Teakholzbaum in Cochinchina.

als wäre sie von einem hitzigen Fieber befallen worden. Die Blume welkte augenscheinlich, als ob man sie in ein fremdes Land mit einem ganz andersartigen Klima verpflanzt hätte oder als ob ein eisiger Wind ihr den Stängel geknickt hätte.

Man sah sie auch nie mehr das Haus verlassen, hörte sie aber mehrmals anhaltend schluchzen. Aber man wusste, dass Tay-Shung sie bis zum Wahnsinn liebte und keine Mühe scheuen würde, sie glücklich zu machen. Zweimal war die Regenzeit gekommen und das Land war überschwemmt worden, zweimal hatten der weiße Kapernstrauch und die Rosen geblüht, aber jene vom Dong-Giang wurde immer welker und schien nun kurz davor zu stehen, zusammenzufallen und zu sterben.

Lange hatten die Einheimischen mit abergläubischer Scheu dieses Geschöpf bewundert. Sie waren davon überzeugt, dass sie die Inkarnation einer ihrer Göttinnen war und hatten sich lange gefragt, was die Ursache ihres Verfalls sein könnte. Da war eines Tages von der Ebene des Saigon-Deltas her ein Gerücht aufgekommen, das langsam auch bis zu ihrem Tal vorgedrungen war.

Demnach hatte Tay-See, bevor sie Tay-Shungs Frau geworden war, einem Mann von weißer Rasse eine große, ja geradezu unendliche Liebe entgegengebracht. Ein Spanier, der José geheißen habe, sollte es gewesen sein, und auch er soll sie sehr geliebt und feierlich geschworen haben, sie zu der Seinigen zu machen.

Man sagte, dass dieser Mann zurück in seine Heimat befohlen worden und dann abgereist sei, ihr aber zuvor fest versprochen habe, zurückzukommen und sein Versprechen einzulösen.

Nach diesem ersten Gerücht war noch ein anderes aufgetaucht. Demzufolge erzählte man sich, dass ihr Vater, ein stolzer Cochinchinese und erbitterter Feind der weißen Rasse von dieser Liebe erfahren habe. Daraufhin habe er seine Tochter gezwungen, Tay-Shung für einen Preis von 40 Goldnägeln zu heiraten.

Und nun raunte man sich zu, dass der Spanier wieder in Cochinchina gelandet sei, Tay-See aber hiervon nichts wisse. Und weil die Unglückliche schier daran verzweifle, als Frau des Generals zu leben, und wusste, dass er sie streng bewachen ließ, würde sie langsam – aber sicher – sterben.

Und dies war kein Gerücht, dies entsprach der Wahrheit!

Als Tay-Shung sie aus dem Haus treten sah, dünn, blass und mit eingefallenen Augen, ganz so, als ob die Flügel des Todes sie bereits berührt hätten, spürte er, wie sich sein Herz verkrampfte.

Er umarmte sie zärtlich und schaute sie lange verliebt an, dann küsste er sie nachdrücklich auf den Mund.

»Tay-See, meine zarte Rose vom Dong-Giang!«, rief er leidenschaftlich. »Lass' dich anschauen, meine liebliche Blume, lass' mich in deine Augen blicken, die heller als die Sterne leuchten, deinen zarten Duft einatmen, der den des *Calambuc*[1] übertrifft! Schenk' mir dein Lächeln, lass' mich deine Zähne sehen, die strahlender als Perlen sind. Ich muss dir noch einmal sagen, dass ich dein Sklave bin und dich mehr anbete als meinen Gott!«

Tay-See stand teilnahmslos vor dem Krieger. Der melancholische Ausdruck ihres Gesichts verstärkte sich noch, ihrer Brust entrang sich ein dumpfes Stöhnen.

»Ach, du leidest, du bist krank!«, rief Tay-Shung erschrocken. »Sag' mir, was ich für dich, du geliebtes Wesen, tun kann, damit ich dich wenigstens einen Augenblick lang glücklich sehe! Weißt du, dass dir mein Herz gehört und ich darunter leide, nahezu weinen muss, wenn ich dich so sehe? Seit dem Tag, an dem ich in diesen verheerenden Krieg, der unser Land mit Blut überschwemmt hat, ziehen musste, hast du dich sehr verändert. Warum? Liegt es vielleicht an dem Wind, der aus dem Land der Weißgesichter weht? Hat der meine Blume geknickt? Dieser verdammte Wind, der dein Herz bestürmt, seit ein Weißgesicht ein Auge auf dich geworfen hat?«

[1] Bäume, deren Holz sehr angenehm duftet.

»Tay-Shung!«, stammelte sie mit schwacher, trauriger Stimme.

»Ich bin verrückt, Tay-See, aber was willst du, Wut und Eifersucht brechen mir das Herz. Sag' mir, bist du sehr krank?«

»Nein, mein *Ông*[1]!«

»Lass' doch dieses *Ông* weg, ich kann es nicht mehr hören. Nenne mich deinen *Anh*[2]; dieser Begriff ist tausendmal süßer. Aber komm', Rose vom Dong-Giang, und tritt ein, denn die Nacht ist nicht gut für empfindliche Blumen. Und du, Ca Bong, komm und iss eine Schale der *Nuoc-nam*-Suppe, welche unsere Tay-See besser als alle Köche Tu Ducs – den Buddha behüten möge – zubereitet.«

Sie betraten einen recht großen, elegant eingerichteten Raum, an dessen Wänden etwa drei Fuß hohe weiche und bunte Matten hingen; auch einige Sockel waren mit Matten bedeckt.

In der Mitte stand ein schmaler Tisch, der hoch genug war, um ihn mit der Brust zu erreichen, wenn man auf dem Boden saß. Er war schwarz lackiert und mit Silber umrandet. Die Platte war mit großen Suppenschüsseln und Teekannen bedeckt; die Tassen waren aus Ming-Porzellan in der Farbe des Himmels nach dem Regen.

In den Ecken sah man elegante Spucknäpfe, große mit Betelnüssen gefüllte Lackkästen und an den Wänden hingen Pfeifen in den unterschiedlichsten Formen, *Ciandu*-Säckchen[3] sowie mehrere seltsame Amulette, die aus *Huyen phach*[4], *Ran-hô*-Haut[5] und einigen Knochen von *Kim-mau-cu-u*[6] bestanden.

Ein siamesischer Sklave servierte im Nu das Essen, das recht einfach war. Es bestand aus einer Suppe, die mit Reis zuge-

[1] In Annam nennt die Frau ihren Gatten oder älteren Bruder *Ông*, das heißt »Herr«, wenn die Beziehung sehr herzlich ist.

[2] Älterer Bruder.

[3] Opium-Säckchen.

[4] Schwarzer Bernstein.

[5] Gelbe Schlangenhaut.

[6] Gelbrassige Hundeart.

schüttet und so auf eine breiartige Masse reduziert worden war, einer Schale mit *Nuoc nam*, also einer scharfen Sauce, aus einem *Cay-rô-an-nam* oder Palmkohl und dünnem Tee, der keinen Zucker enthielt.

Tay-Shung und Ca Bong, die auf der Erde saßen, begannen mit großem Appetit zu essen, wobei ihre Zähne kräftig mahlten. Von Zeit zu Zeit warfen sie einen Blick auf Tay-See, die einfach nur dasaß oder besser gesagt, auf eine Matte gesunken war und absolut regungslos wirkte. Sie war so bleich, dass man sie für tot hätte halten können.

»Schau sie nur an, Ca Bong«, sagte Tay-Shung traurig, indem er sich seinem Gefährten zuwandte. »So ist sie immer: traurig und schweigsam! Ach, ich fühle, dass ich ihr Herz niemals besitzen werde!«

»Ich sehe es, General!«, antwortete der Leutnant. »Man könnte sagen, dass deine Blume immer mehr verwelkt.«

»Und ich liebe sie doch so sehr, während sie mir kein einziges, liebes Wort schenkt! Ich bin ein Verdammter für sie, der Inbegriff des Bösen.«

»Was ist da zu tun? Sie wurde so geboren und wird so sterben. Buddha hat es so gewollt.«

»In der Stadt feiern sie mit den Überlebenden des Krieges, die Kämpfer werden in diesem Augenblick von ihren Frauen geküsst und umarmt und für mich hat man nicht einmal ein Lächeln, kein liebes Wort«, sinnierte Tay-Shung mit großer Bitterkeit weiter. »Ich wäre über einen einzigen Blick von der Frau, die ich so liebe, glücklich gewesen! Ach, Ca Bong, ich gebe die Hoffnung auf, eines Tages von dieser Frau geliebt zu werden.«

»Warte es ab, warte noch; du weißt ja, die Zeit heilt auch die schrecklichsten Wunden.«

»Das glaube ich nicht. Sie wurde von einem Mann, der aus dem fernen Westen kam, geradezu verhext. Oh, das weiß ich!«

»Dann also von einem Weißen?

»Ja, von einem Weißen.«

»Aber den wird sie doch mit der Zeit vergessen.«

»Vorher wird sie tot sein. Schau nur, wie bleich sie ist, Ca Bong! Schau dir nur den Blick ihrer Augen an, der sich nach und nach verschleiert! Falls sie stirbt, wird an diesem Tag auch das Leben Tay-Shungs erlöschen.«

»Sprich nicht so, General!«

»Du wirst es sehen, Ca Bong.«

Tay-Shung, der mit dem Mittagessen fertig war, stand auf, ging mit über der Brust gekreuzten Armen im Zimmer hin und her, dann blieb er unversehens vor der Rose von Dong-Giang stehen.

»Tay-See«, sagte er mit sanfter Stimme, »ich habe dir ein Schmuckstück mitgebracht, das einen Feind unseres Landes das Leben gekostet hat.«

Die junge Frau zuckte zusammen, schlug die Augen auf und blickte den General starr an.

»Schau es dir an«, fuhr er fort. »Es ist das schönste Stück, das ich jemals gesehen habe.«

Er knöpfte seine Seidenbluse auf und löste von seiner Brust eine prächtige Goldkette von eigentümlicher Form, in deren Mitte sich ein Medaillon befand. Darin waren einige mit Brillanten verzierte Buchstaben eingraviert.

»Nimm sie!«, sagte er.

Statt näherzutreten, wich Tay-See ein paar Schritte zurück und verharrte dort reglos. Ihre Augen waren gebannt auf das Schmuckstück gerichtet.

»Woher hast du die?«, stammelte sie, nachdem sie sich die größte Mühe gegeben hatte.

»Von einem etwa sechs Fuß großen Spanier, den ich mit einem Hieb meines Krummsäbels an den Schanzen von Saigon erschlagen habe.«

»Wo sind die Spanier jetzt?«, fragte sie mit einem Zittern, das sie nicht unterdrücken konnte. »Wo sind sie?«

»Die verdammten Kerle sind da unten, an der Mündung des Flusses.«

»Ach!«, rief die junge Frau und wurde ganz blass. »Diese Kette … ich kenne sie … sie gehört Alvarado …«

»Alvarado!«, schrie Tay-Shung. »Wer ist dieser Mann? Woher kennst du ihn? Rede, Tay-See, rede!«

Die Rose vom Dong-Giang blickte ihn bestürzt an, dann entgegnete sie:

»Er war ein Freund meines Vaters[1] und von …«

»Von wem?«, fragte der General mit brechender Stimme.

»Des Mandarins von Tuan-Keou«, stotterte sie.

Tay-Shung atmete tief aus, wie wenn ihm ein Stein vom Herzen gefallen wäre, und wischte sich kalten Schweiß von der Stirn.

»Ach! Du hast diesen Mann gekannt?«, fragte er. »Dann tut es mir leid, dass ich ihn getötet habe, aber er war unter unseren Feinden. Nimm den Schmuck, denn der ist wirklich außergewöhnlich. Morgen, wenn wir den Gefangenen foltern und du dabei sein wirst, werden dich alle Frauen von Bien-hoa darum beneiden.«

»Ein Gefangener! … Was für ein Gefangener?«, fragte sie bewegt.

»Er ist einer von denen, die wir an der Flussmündung geschlagen haben und der gekommen ist, um sich in der Umgebung unserer Stadt herumzutreiben. Wir haben ihn gefangen, als er beinahe ertrunken wäre. Vielleicht hatten ihn die *Kemays*, die die Flussufer bewachen, den Fischen vorgeworfen.«

»Und … ist er ein Spanier?«

»Nein, er ist ein Franzose.«

»Ein Franzose? Und morgen wirst du ihn töten?«

»Ich werde ihn gegen den Tiger meines Freundes Huthia kämpfen lassen.«

»Das bedeutet, dass du ihn töten willst.«

»Auch von den Unsrigen sind viele bei Saigon von diesen Räubern aus dem fernen Westen getötet worden«, sagte Tay-Shung von tiefem Hass erfüllt.

---

[1] Diese Äußerung widerspricht eigentlich der obigen Angabe, dass Tay-Sees Vater ein erbitterter Feind der weißen Rasse sei; auch wenn Tay-See lügt, hätte das Tay-Shung auffallen müssen. Also ein Fehler von Salgari selbst.

Tay-See sah den Krieger einen Augenblick lang nachdenklich an, dann sagte sie:

»Ich möchte zusehen, wie er mit dem Tiger kämpft.«

»Du wirst es sehen, meine zarte Rose, und ich werde glücklich sein, wenn ich an deiner Seite sitze.«

Inzwischen war die Nacht angebrochen und die Dunkelheit legte sich immer dichter über die ausgedehnten Plantagen, die Wälder, den Fluss und die Zitadelle.

Eine kupferne, angebohrte Hohlkugel, die als Uhr diente, war schon viermal mit Wasser gefüllt worden und viermal in ein Gefäß abgelaufen. Es dürfte nicht mehr lange dauern und der mitternächtliche Gong würde ertönen.

Jeder zog sich in sein Zimmer zurück und auch Tay-See suchte das ihre auf, das das gleich nebenan lag. Es wurde von einer kleinen chinesischen Lampe nur schwach erleuchtet. Dort verharrte sie lange Zeit stehend, wobei sie schwer atmend, sehr bleich und wie verwandelt die glänzende Kette betrachtete.

»Er ist in Saigon!«, stammelte sie. »Ja, er ist in Saigon, ich fühle es, mein Herz sagt es mir … Ja, ja, das ist die Kette von Alvarado, seinem Freund aus Kindertagen … Großer Buddha, mach', dass ich ihn noch einmal sehen kann, wenigstens für einen Augenblick und dann … kannst du mich, wenn du willst … von dieser Erde nehmen …, die ich nicht länger lieben werde.«

Sie ließ ihren Kopf auf die Brust sinken und zwei Tränen tropften ihr aus den Augen.

In dieser Nacht schlief sie nicht. Seltsame Angstgefühle bedrängten sie und von Zeit zu Zeit spürte sie, wie sie erschüttert zusammenfuhr.

Immer wieder kam es ihr so vor, als würde sie den Namen José hören; für kurze Augenblicke glaubte sie ihn vor sich zu sehen, wie er ihr seine Hände in flehentlicher Geste entgegenstreckte.

In anderen Momenten schien – und das war seltsam genug – ihr Blut schneller in den Adern zu pulsieren und sie fühlte sich wiederbelebt und so, als ob sie sich verjüngte …

Bei Tagesanbruch ertönten lärmend die Gongs der Stadt von einem Ende zum anderen und die Hörner und Trompeten schmetterten in allen Vierteln. Sie kündigten den Bewohnern die bevorstehende Folterung des Gefangenen an.

Die Bewohner von Bien-hoa, die an blutige Schauspiele gewöhnt waren, liefen in Massen zu dem für den Kampf vorgesehenen Platz, den man noch während der Nacht am äußersten Ende des Nordviertels errichtet hatte. Die Alten, so krank sie auch waren, Krieger, Frauen und Kinder, sie alle waren bereits in den ersten Morgenstunden dorthin geeilt, um den Feind mit dem Tiger kämpfen zu sehen. Alle wollten sehen, wie der Weiße durch die Klauen der wilden Bestie sterben würde.

Tay-Shung, der mit seinen Rangabzeichen dekoriert war, betrat eilig Tay-Sees Zimmer. Die arme Rose vom Dong-Giang war noch bleicher als jemals zuvor; sie hatte sich schon angekleidet und die glänzende Kette um den Hals gelegt. Sie fühlte sich wie von einem fremdartigen Fieber befallen, das sie erzittern ließ, wie bei heftigen Regenfällen. Dennoch schien sie von einer geheimnisvollen Kraft unwiderstehlich angetrieben zu werden, an der Folterung teilzunehmen.

»Wie geht es dir, meine zarte Blume?«, fragte Tay-Shung besorgt, indem er sie zärtlich umarmte.

»Ich fühle mich gut, ganz gut!«, antwortete sie mit schwacher Stimme.

»Hast du keine Angst vor dem Tiger?«

»Nein, ich habe keine Angst. Gehen wir, Tay-Shung, gehen wir. Ich möchte den Gefangenen sehen.«

Tay-Shung legte den Arm um sie und so verließen sie das Haus, gefolgt von Ca Bong und einer großen Anzahl Krieger, die bis an die Zähne bewaffnet waren.

Je mehr sie sich dem Kampfplatz Hand in Hand näherten, umso mehr spürte Tay-See, wie ihre Kräfte schwanden und ihr Herz schlug, als müsse es zerspringen. Vergeblich forschte sie nach der Ursache dieser befremdlichen Gefühle, vergeblich versuchte sie den Anschein zu erwecken, dass sie ruhig sei, vergeblich besann sie sich auf all ihre Kraft und vergeblich versuchte sie, die fieberhafte Sehnsucht zu besänftigen, die sie spürte.

Als sie den Kampfplatz erblickte und den schrecklichen Lärm der zusammengeströmten Menschenmenge um sich herum hörte, zitterte sie so stark, dass Tay-Shung über ihre Blässe erschrak. Sie war weißer geworden als eine Lilie.

»Bist du krank, Tay-See?«, fragte er.

»Nein, Tay-Shung«, antwortete sie mit erstickter Stimme.

»Du bist außerordentlich blass.«

»Das bedeutet nichts.«

»Aber du zitterst, meine Blume.«

»Es ist nur etwas Erregung, nichts weiter. Gehen wir, ich will den Tiger sehen.«

Jetzt waren sie in der unmittelbaren Nähe. Der General wurde mit lebhaftem Applaus und von den wichtigsten Würdenträgern der Zitadelle empfangen, die ihn zu einem eleganten Pavillon aus blauer Seide führten, der mit bedeutenden Gebinden von Rosen vom Dong-Giang geschmückt war.

Der *Fuan fu*, also der Oberste der Provinz und die anderen Führer nahmen um ihn und Tay-See herum Platz.

Diese hatte nicht genügend Kraft, sich aufrechtzuhalten; sie schien von einem geheimnisvollen Grauen völlig gelähmt zu sein.

Tay-Shung schaute erneut auf seine Begleiterin und bekam noch größere Angst, als er sah, dass sie vollkommen erschöpft und halb ohnmächtig war. Er gebot daher, dass man ihr einen Stuhl bringen solle.

»Ach!«, rief er. »Du bist krank, Tay-See, ich sehe es. Was ist mit dir, meine zarte Blume?«

Sie wehrte sich gegen diese merkwürdige Schwäche, und indem sie sich aufrichtete, sagte sie:

»Lass doch die *Pi* blasen!«

Auf einen Wink Tay-Shungs blies ein Musiker kräftig in sein Instrument.

Fast im selben Augenblick wurde der große Käfig, der bislang geschlossen gehalten worden war, geöffnet und ein präch-

Der Tiger näherte sich dem Gefangenen, der ihn fest auf den Beinen stehend und mit dem Säbel in der Faust erwartete.

tiger Tiger sprang leichtfüßig in die Arena; gleichzeitig stieß er ein gewaltiges Gebrüll aus.

Die Menge empfing ihn mit frenetischem Geschrei und langanhaltendem Händeklatschen.

»Vorwärts! … Vorwärts!«, stammelte Tay-See.

Ein weiteres Schmettern der Trompeten und Hörner erklang, dem alsbald tiefstes Schweigen folgte. Die junge Cochinchinesin drehte den Kopf in die Richtung des kleinen Pavillons und schaute auf einige *Kemay*-Krieger, bei denen sich der Gefangene befand und ohne zu wissen warum, schloss sie die Augen.

Als sie sie wieder öffnete, befand sich der Gefangene in der Mitte des Platzes. Er hielt einen langen Säbel in der Hand und stand dem Tiger gegenüber, der sich anschickte, anzugreifen.

Sie sah ihn einen Moment, sprang auf, stieß einen verzweifelten, herzzerreißenden Schrei aus und fiel wie vom Blitz getroffen zu Boden. Tay-Shung beugte sich erschrocken zu der jungen Frau hinunter und rief weinend:

»Tay-See! … Großer Buddha! … Sie ist tot!«

Ca Bong legte eine Hand auf das Herz der armen Rose vom Dong-Giang und spürte, dass es noch schwach schlug.

»Nein, Tay-Shung«, rief er, »sie ist nicht tot.«

Im selben Augenblick näherte sich der Tiger dem Gefangenen, der ihn fest auf den Beinen stehend und mit dem Säbel in der Faust erwartete. Auf seinen Lippen lag ein geringschätziges Lächeln.

Der Gefangene, der sich anschickte, mit dem Tiger zu kämpfen, war José!

3. Kapitel
Der Plan

Die junge Cochinchinesin, die zarte Rose vom Dong-Giang, welche bereits seit mehreren Monaten drohte für immer zu verwelken, war vor Entsetzen halbtot gewesen, als sie sehen musste, dass derjenige, auf den sie so lange Zeit gewartet und wegen dem sie sich in Tränen verzehrt hatte, eine Beute des Tigers werden sollte.

Sie wurde unverzüglich nach Hause gebracht, zurück auf ihr Zimmer. Die Unglückliche wurde auf Decken aus weißer Seide gelegt; sie war bleich wie eine Leiche; ihr Gesicht war furchtbar verändert. Die Augen waren geschlossen, die Zähne zusammengebissen und die Glieder versteift. Sie schien unempfindlich gegen die liebevolle Pflege zu sein, die ihr Kia zuteilwerden ließ, ihre treue Freundin, die Tochter eines *Quan-an*, eines hohen Justizbeamten von Bien-hoa.

Wären da nicht das keuchende Atmen, das die Brust des Mädchens hob und senkte, das Röcheln und die Worte gewesen, die sich ihren blassen Lippen entrangen, hätte man sie für tot halten können.

Seit einer Dreiviertelstunde befand sich Tay-See in diesem Zustand, als sie ruckartig zusammenzuckte, wie als wenn sie einen elektrischen Schlag erhalten hätte. Sie schlug die Augen auf, richtete sich – fast wie von einer unsichtbaren Feder angetrieben – auf, wonach sie sich auf die nahezu durchsichtigen Hände stützte.

Dann schaute sie mit verwirrten Blicken um sich.

»José! … José! …«, stammelte sie mit herzzerreißendem Ton.

»Tay-See«, murmelte Kia und trat zu ihr.

Tay-See betrachtete sie erschrocken, wie wenn sie sie nicht mehr kennen würde.

»José! … José! ….«, wiederholte sie mit größerem Nachdruck. »Wo bist du, mein geliebter José? Was soll dieser Tiger? Was sollen die bewaffneten Leute? … Ach, die Elenden!«

Die Unglückliche streckte in ihrer Raserei die Arme aus, stieß einen entsetzten Schrei aus und fiel schwer auf das Bett zurück, wie wenn sie plötzlich alle Kraft verlassen hätte.

Kia war bestürzt über den unbeschreiblich qualvollen Ausdruck auf ihrem Gesicht.

»Tay-See, meine gute Tay-See!«, sagte sie. »Aber was hast du denn? Meine arme Blume vom Dong-Giang, du darfst nicht so dahinwelken! Verdammter Wind der Weißen, jedes Mal wenn du wehst, bläst du meine dunkle Blume auf den Boden. Was aber machst du mit den Weißgesichtern, die dich kaputtmachen, wenn sie dich erblicken? Tay-See komm doch zu dir und schau deine treue Kia an!«

Es schien, als habe Tay-See die letzten Worte der Freundin verstanden, denn sie wandte sich ihr beim Aufrichten zu, dann warf sie sich ihr in die Arme. Ein Schluchzen zerriss ihre Brust.

»Kia! … Kia! …«, rief sie. »Es ist alles aus! Ich sterbe … José! … José! … Oh, mein geliebter José!«

»José! … Aber wer ist denn dieser José? …«, fragte Kia erschrocken. »Das ist kein cochinchinesischer Name. Wer ist er, Tay-See, wer ist er?«

»Kia, ist dieser Mann tot oder lebt er?«

»Was für ein Mann?«

»José! Jo…«

Sie brach erschauernd ab. Im Nebenzimmer war die Stimme Tay-Shungs zu hören.

»Kia!«, rief sie und erfasste krampfhaft die Hände der jungen Cochinchinesin.

»Kia! Dieser Mann macht mir Angst … Ich will ihn nicht sehen … Er hat Blut an den Händen … Er hat ihn mir getötet …«

»Fantasierst du, Tay-See?«

»Nein, ich fantasiere nicht, ich fantasiere nicht! Ich meine den, der da kommt.«

Die Tür wurde geöffnet und Tay-Shung eilte ins Zimmer. Er lief zu ihrem Bett. Etwas Unerhörtes war passiert: Der Krieger weinte wie ein Kind!

»Tay-See!«, schrie er. »Meine liebliche Tay-See! Was ist mit dir passiert? Warum dieser Schrecken? Warum dieser Schrei? … Tay-See! Tay-See, ich will nicht, dass du stirbst, ich will, dass du lebst, du meine schöne Rose vom Dong-Giang! Da ist doch irgendeine Sache, die an deinem Herzchen nagt und deshalb bist du so schrecklich krank. Was hast du? Sag es mir, sag es deinem Tay-Shung, der dein Bestes will. Ich werde dir jedes Opfer bringen und wenn es mich alles Blut kostet, das durch meine Adern fließt!«

Tay-See starrte ihn entsetzt an, ohne dass sie in der Lage gewesen wäre, ein Wort zu sagen. Sie hätte den Mann, der vielleicht ihren Geliebten ermordet hatte, abwehren wollen, hätte ihn fragen wollen, ob José bereits etwas passiert war, tat es aber doch nicht. Sie wusste, dass der Abgrund zu ihren Füßen offen stand und der kleinste Verdacht sie hineinstürzen konnte.

Langsam blickte sie hoch und schaute Tay-Shung an, der nun noch erschrockener schien.

»Tay-See!«, rief der Krieger flehentlich. »Sprich mit mir, sprich mit mir, meine Geliebte! Dir geht es schlecht, oh ja! Sehr schlecht, das lese ich in deinen Augen.«

Die unglückliche Frau schüttelte mit großer Mühe den Kopf. Er reichte ihr eine Hand, doch sie zog die ihre sofort zurück, wie wenn sie eine Schlange berührt hätte.

»Tay-See!«, wiederholte der Krieger. »Aber was hast du denn, du unglückliches Geschöpf?«

»Nichts … nichts«, stotterte Tay-See, erschauernd.

»Und warum dann dieser Schrei?«

»Was für ein Schrei?«, rief sie, wie wenn sie sich nicht mehr daran erinnerte.

»Nun, dieser schreckliche, qualvolle Schrei, der mir das Herz zerrissen hat.«

»Der Tiger … das Blut … jener Mann … Ich habe Angst bekommen …«

»Jener Mann! Und warum?«

»Ich weiß es nicht … Sag mir, ist jener Mann tot?«, fragte sie in verzweifeltem Ton und klammerte sich an seiner Kleidung fest.

Die Antwort konnte nur Leben oder Tod bedeuten.

»Jener Mann!«, wiederholte er leise. »Kennst du ihn denn?«

»Nein, Tay-Shung, ich kenne ihn nicht, das schwöre ich dir, aber ich möchte wissen, ob er lebt oder ob er tot ist, sag es mir, sag es mir …«

»Nein, Tay-See, er ist nicht tot. Jener Feind unseres Vaterlandes hat den Tiger getötet.«

Tay-See unterdrückte mit großer Mühe den Freudenschrei, der auf ihren Lippen lag. Eine Blutwelle stieg ihr zu Kopf und färbte ihre bleichen Wangen.

Die zarte Blume vom Dong-Giang, deren dünner Stängel aufgrund des ungestümen Wütens geknickt schien, spürte neuen Lebensmut.

»Was ist geschehen?«, fragte Tay-Shung völlig verblüfft.

»Du lebst wieder auf, ich sehe es, Tay-See. Solche Wunder passieren doch nie …«

»Ich weiß es nicht … Mir scheint, als ginge es mir besser, Tay-Shung«, murmelte sie mit erstickter Stimme. »Lass mich … Ich muss mit Kia sprechen … Lass mich …«

»Aber bin ich nicht hier? Bin ich nicht dein Sklave?«

»Lass' mich, Tay-Shung. Ich bitte dich … Ich möchte es.«

Der Krieger senkte den Kopf auf die Brust und seufzte.

»Ach!«, rief er. »Du bist unbegreiflich, Tay-See. Du machst mir Angst! Ich fühle, dass du ein großes Geheimnis in deinem Herzen bewahrst, aber ich gehorche.«

Er entfernte sich mit langsamen Schritten, nachdenklich, düster und traurig.

Kia, die neben den kleinen Fenstern saß, die durch dünne Schilfmatten geschützt waren, trat näher an das Bett heran.

»Tay-See«, murmelte sie.

Die beiden Freundinnen umarmten sich: Tay-See schwieg, aber ihre Brust hob und senkte sich unter den Schluchzern.

»Du weinst ja«, sagte Kia, zu Tränen gerührt. »Hat dir ein neuer Pfeil das Herz durchbohrt oder ein neuer Wirbelsturm die zarte Rose vom Dong-Giang geknickt? Du leidest, meine teure Freundin. Rede, vertraue dich mir an! Du brauchst deine Pein nicht vor mir verbergen.«

»Kia«, murmelte Tay-See mit brechender Stimme. »Ich bin so unglücklich!«

Wieder glühte ihr Gesicht, sie begann zu zittern und befreite sich aus den Armen ihrer Freundin, die sie wie eine Mutter liebevoll an ihre Brut gedrückt hatte.

»Rede!«, sagte die Tochter des *Quan-an*.

»Weißt du, warum ich langsam sterbe?«

»Ich weiß, dass ein großer Schmerz auf deinem Herzen lastet, und man sagt, dass es dabei um einen Mann geht, der nicht unserem Volk angehört.«

»Das ist richtig, meine gute Kia. Ach, wie unglücklich ich bin! Es wäre besser, wenn ich schon längst tot wäre.«

»Tay-See, du musst mir alles erzählen, alles!«

»Ja, ich werde nicht länger schweigen.«

Kia warf einen kurzen Blick nach draußen, um sich zu vergewissern, dass niemand lauschte. Dann schob sie den Riegel vor und kehrte zu ihrer Freundin zurück.

»Du kannst reden«, sagte sie.

»Hör zu, meine gute Kia«, sagte die arme Rose vom Dong-Giang mit schwacher Stimme. »Vor drei Jahren bin ich in Saigon einem jungen Spanier mit Namen José Blancos begegnet, er war schön, stark und mutig und gehörte zur Spanischen Botschaft, überdies hatte er einen Rang im Heer seines Vaterlandes. Unsere Herzen sprachen sofort: ich liebte ihn und er liebte mich; es war eine unendliche Liebe, eine Liebe, wie du sie dir wohl nie vorstellen kannst. Was für erhabene Momente das waren, meine Kia, die ich in seinen Armen verbracht habe! Noch heute fühle ich seine Küsse auf meinen Lippen, heiß und leidenschaftlich, als wenn er mich erst gestern geküsst hätte.«

Tay-See unterbrach sich und stöhnte, dann verbarg sie ihr Gesicht in ihren Händen.

»Dieses Glück dauerte drei Monde, dann wurde es unsanft unterbrochen. José wurde zusammen mit der Botschaft in seine Heimat zurückberufen und so war es nötig, uns zu trennen. Am Grab meiner Mutter schworen wir uns ewige Liebe: Ich schwor ihm, mich für ihn zu bewahren und er mir, eines Tages zurückzukehren und mich für immer glücklich zu machen. Wie viele Tränen habe ich vergossen, Kia! Oh, wie schrecklich war der Augenblick, als ich sah, wie sich sein Schiff von unserer Küste entfernte, der Bug in Richtung des fernen Westens gewandt. Ich vertraute seinem Wort und zweifelte nicht daran, dass er zurückkehren würde, weil er mich so sehr liebte. Aber eine dunkle Angst ergriff mich und eine geheimnisvolle Stimme flüsterte mir zu, dass alles zu Ende gehen würde.

Eines Tages fing mein Vater, der einen tiefen Hass gegen die weiße – und ganz besonders gegen die spanische – Rasse fühlte, einen Brief von José an mich ab und von diesem Tag an war mein Glück zerstört. Tay-Shung hatte meinen Vater seit Langem um meine Hand gebeten und dieser war sehr daran interessiert, mich an einen General – der noch dazu in dem Ruf stand, einer der tüchtigsten zu sein – zu verheiraten. Um nun die Liebe, die ich in meinem Herzen für den Spanier fühlte, auszumerzen, vereinbarte er mit ihm meine Eheschließung. Vergeblich flehte ich ihn an, vergeblich weinte ich und vergeblich erklärte ich, dass es meinen Tod bedeuten würde, mich aus Saigon wegzugeben. Es sei mir unmöglich, einen anderen Mann zu lieben, denn ich könne ihn weder als Herrn des Hauses noch als Gatten akzeptieren. Niemals würde ein anderer Mann mein Herz besitzen, weil mein Geliebter eines Tages zurückkehren würde. Vergeblich verwies ich darauf, dass ich am Grab meiner Mutter geschworen hätte, meinem geliebten José die Treue zu bewahren.

Eines Abends zerrten sie mich aus meinem Zimmer, brachten mich unter Anwendung von Gewalt auf einen *Balon* und am nächsten Morgen wurde ich mit Tay-Shung verheiratet, der mich für vierzig Goldnägel gekauft hatte. Ich dachte, ich würde sterben, doch das geschah nicht. Dennoch fühlte ich, wie nach und nach meine Kräfte schwanden, mein Lebenssaft schien zu versiegen. Ich wurde krank, doch blieb ich am Leben. José hatte mir versprochen, zurückzukehren und ich wollte nicht sterben, ohne ihn wiedergesehen zu haben und sollte es auch nur für eine Minute, für einen einzigen Augenblick sein.

Was für Qualen habe ich, o meine Kia, in diesen zwei Jahren ausgestanden! Ich habe die Monate, die Tage, die Stunden, ja sogar die Minuten gezählt, habe darum gekämpft, dass ich seine Rückkehr erlebe und jetzt? Auf welche Weise sehe ich ihn jetzt wieder?«

»Und Tay-Shung hat von dieser Liebe nichts bemerkt?«

»Doch, ich vermute schon.«

»Hat er nichts getan, um diese Liebe aus deinem Herzen auszumerzen?«

»Doch, zuerst versuchte er es mit Drohungen. Ich sei die Seine, denn er habe mich gekauft, und zwar zu einem hohen Preis. Ich habe mich trotzdem energisch widersetzt, was er mir nicht zugetraut hätte. Eines Abends lief ich ans Ufer des Dong-

Giang, um mich in den Strom zu stürzen, wurde aber gerettet. Tay-Shung, der mich bis zum Wahnsinn liebte, begriff, dass ich nicht zögern würde, mich umzubringen, falls er es gewagt hätte, mir Gewalt anzutun. Von diesem Augenblick an wurde er ein Anderer und seine Leidenschaft nahm eher ins Unermessliche zu, als dass sie abgenommen hätte. Er behandelte mich plötzlich nicht mehr wie seine Frau, sondern wie seine Herrin und umhegte mich immer fürsorglicher. Ich hasse diesen Mann nicht, nein, denn mir gegenüber hat er sich immer gut betragen und er betet mich an, als ob ich eine Göttin wäre, doch spüre ich, dass ich ihn niemals lieben werde. Entweder José oder der Tod: Das ist mein Schicksal.«

Ein heftiger Tränenausbruch erstickte ihre Stimme, dann ließ sie sich kraftlos auf das Bett fallen.

»Meine gute Freundin, weine doch nicht so«, sagte Kia und schluchzte. »Sag mir, hast du den Spanier je wiedergesehen?«

»Ja, auf dem Kampfplatz, wo er mit dem Tiger kämpfen sollte.«

»Wie? Jener Spanier war dein José? … Buddha möge ihn beschützen!«

»Ja«, fuhr Tay-See mit brechender Stimme fort. »Er war es, mein geliebter José! Es war grauenhaft, ihn als Gefangenen wiederzusehen, dem Tod gegenüberstehend, nach so vielen Tagen banger Erwartung, nach so viel Leid und so vielen Tränen. Ach! Warum hat Buddha mir den letzten Trost verweigert, ihn wenigstens in Freiheit zu wissen? Kia, meine gute Kia, alles ist zu Ende für die Rose vom Dong-Giang.«

Kia schaute sie mit Tränen in den Augen an, küsste sie und sagte dann:

»Nein, ich will nicht, dass du stirbst.«

»Warum denn nicht? Kann vielleicht eine Blume ohne Sonne und ohne Tau leben? Warum sollte ich leben, meine gute Kia, wenn es keine Hoffnung mehr gibt, die mich stützen könnte? Ich hatte auf den Zeitpunkt gewartet, dass ich ihn wiedersähe, um dann glücklich an seiner Seite zu leben, aber das ist ganz und gar unmöglich, denn er wird bald tot sein. Kia, Kia, der Tod ist besser als ein Martyrium! Alles um mich herum bricht auseinander und ich verliere mich in der Dunkelheit.«

»Oh, sprich nicht so, Tay-See!«, rief das junge Mädchen. »Weiß Tay-Shung, dass José der Gefangene ist?«

»Nein, er weiß es nicht, aber was besagt das schon? José ist ein Kriegsgefangener und wird bald sterben. Die Männer unserer Rasse sind unerbittlich.«

»Aber er hat den Tiger getötet!«

»Noch schlimmer für ihn, nun wird er von einem Elefanten zertrampelt werden.«

»Das ist ja schrecklich.«

»Ja, schrecklich und grauenhaft und ungeheuerlich. Ach, Kia, ich spüre, dass meine Quelle des Lebens allmählich versiegt und mich die schwarzen Flügel des Todes berühren.«

»Tay-See, ich will alles tun, um dich wieder glücklich zu machen. Was kann ich machen? Ich will nicht, dass du stirbst.«

»Ich werde nicht sterben, solange er lebt. Aber wenn er tot ist, wenn er seine Augen für immer schließt, werde ich auch in sein Grab hinabsteigen.«

»Tay-See«, rief Kia. »Und wenn wir ihn retten?«

Ein bitteres Lächeln umspielte die trockenen Lippen der armen Cochinchinesin.

»Ihn retten?«, murmelte sie. »Das ist nicht möglich, das ist nicht möglich.«

»Ich bin schlau und weiß, wie man die Männer austricksen kann.«

Tay-See ergriff die Hände ihrer vertrauten Freundin, drückte sie krampfhaft und rief dann:

»Ihn retten! Du willst ihn retten? Kia, erwecke keine Illusionen in mir, bring mich nicht vor ihm um!«

»Sag mir, Tay-See«, sagte die junge Frau und setzte sich ans Kopfende des Bettes, »wo sind die Ausländer?«

»In Saigon. Sie schicken sich an, in ganz Gia-Dinh einzufallen.«

»Werden sie auch nach Bien-hoa marschieren?«

»Ja, Tay-Shung hat es mir gesagt.«

»Das ist gut.«

»Was willst du denn tun?«

»Das Gerücht verbreiten, dass die Ausländer zügig nach Bien-hoa marschieren werden, um Tay-Shung mit seinen Truppen zu vertreiben.«

»Warum?«

»Um ihn zu entfernen, während wir José befreien. Tay-Shung ist zu listig und zu gefährlich. Ein Verdacht genügt bereits und kann den Spanier den Kopf kosten.«

»Buddha schütze ihn!«

»Er wird nicht in Gefahr sein, Tay-See, das schwöre ich dir! Ich gehe zu José und sage ihm, dass er zu dir kommen soll..«

»Zu mir? ... Zu mir hast du gesagt?«

»Ja, er wird zu dir kommen.«

»Hier in dieses Zimmer?«

»Ja, in dieses Zimmer.«

»Kia … Kia! …«

»Ich schwöre es dir, meine arme Tay-See.«

»Ich sterbe vor Freude … Ach, Kia, das ist doch nicht möglich, das ist nicht möglich!«

»Warum soll es nicht möglich sein?«

»Aber du weißt doch gar nicht, wo der Gefangene ist!«

»Ich weiß es und habe schon einen Weg gefunden, wie man ihn retten kann. Ich werde mich bald mit meinem Verlobten, dem tapferen Thay-Mit, treffen und ihm alles erzählen. Dann bitte ich ihn um seine Unterstützung. Thay-Mit ist ein guter Mann und wird seiner Kia nichts abschlagen.«

»Du machst mir Angst!«, rief Tay-See und ihre Zähne schlugen vor Entsetzen aneinander. »Ein Wort würde genügen, dass er getötet werden kann.«

»Fürchte nichts, meine teure Freundin, Thay-Mit wird zu keinem ein Wort sagen, zu wem auch immer. Vertrau mir!«

»Ich vertraue dir, aber ich glaube zu träumen.«

»In zwei Stunden werde ich Thay-Mit auf Erkundungsgang in den Wald schicken. Wenn er zurückkehrt, wird er melden, dass die Ausländer nur noch wenige Meilen von

Bien-hoa entfernt sind. Tay-Shung wird seine Krieger sammeln und nach Süden ziehen, um nach dem Feind zu suchen. Er wird weit weg sein und für uns wird es leicht sein, José zu befreien.«

»Kia! …«

»Hör zu, Rose vom Dong-Giang, hör mir weiter zu!«, fuhr das schlaue Mädchen fort. »Wenn die Soldaten abgezogen sind, wird Thay-Mit den Gefangenenwärter Wang aufsuchen und ihn mit Rûon-manch und Opium berauschen und dann kann der Gefangene befreit werden.«

»Ach, meine gute Kia!«, rief Tay-See und umarmte sie. »Wie glücklich wäre ich, wenn ich in den Armen meines geliebten José sterben könnte! Das wäre mir wenigstens ein letzter Trost!«

»Sprich nicht vom Sterben, Tay-See; ich möchte dich glücklich sehen!«

»Zu mir wird das Glück nie mehr zurückkehren, das spüre ich!«, sagte die Unglückliche mit Bitterkeit. »Ich habe es für einen einzigen Augenblick empfunden, dort in Saigon, als José mich liebe, als er mir ewige Liebe schwor und das wird nie wieder der Fall sein. Ach, warum hast du, Tay-Shung, das zerstört? Warum hat dich das Schicksal mit mir zusammengeführt? Ohne dich wäre ich jetzt glücklich in der Heimat Josés und müsste kein Martyrium, keine Pein und keine Verzweiflung ertragen!«

»Mut, Tay-See!«

»Mut! In mir ist ein Gefühl, das meine Hoffnung zerstört und mich erschauern lässt. Ich spüre, dass eine Katastrophe dicht bevorsteht.«

»Es ist nur die Angst, die dich so sprechen und alles so düster sehen lässt.«

»Nicht düster, sondern blutig, Kia!«

»Verfluchter Tay-Shung!«, rief die Tochter des *Quan-an*.

»Verdamme ihn nicht, Kia«, murmelte Tay-See sanft. »Ich bedauere ihn.«

»Du bist zu anständig, Tay-See. Er ist schließlich schuld an deinem Unglück.«

»Er macht mich unglücklich, weil er mich zu sehr vergöttert.«

Da ertönte der Gong der Mittagszeit; Kia richtete sich auf.

»Es ist Zeit zu handeln«, sagte sie. »Wenn der letzte Sonnenstrahl den Gipfel des *Cay mè* vergoldet hat und der Mond die gesamte Küste zu beleuchten beginnt, möchte ich, dass dein Blick auf die Plantagen des schwarzen Sesam fällt: Du wirst sehen, wie dein José kommt, das schwöre ich dir. Auf Wiedersehen und zittere nicht mehr!«

Sie beugte sich über das blasse Gesicht Tay-Sees, gab ihr einen langen Kuss und entfernte sich schweigend. Kurz danach war sie auf der Straße und begab sich zur Wohnung des *Quan-an.*

Tay-See verharrte einen Augenblick lang regungslos, wie träumend, dann nahm sie ihren Kopf in beide Hände und schluchzte ganz entsetzlich.

»Großer Gott«, rief sie. »Wenn ich ihn wenigstens eine Minute, einen Augenblick lang sehen, ein einziges Wort von ihm hören könnte, dann wäre ich glücklich für die Ewigkeit und würde ohne Bedauern in Buddhas Nirwana eingehen.«

Sie fühlte sich absolut kraftlos; ihr Blick wurde trüb. Die Augenlider wurden ihr schwer und dann fiel sie mit einem Lächeln auf den Lippen in einen tiefen Schlummer; das Gesicht war durch eine zarte Rosafärbung etwas belebter geworden. Die arme Blume hatte sich trotz des erhaltenen Schlages etwas erholt und lebte wieder auf.

Einige Stunden mochten vergangen sein, als sie durch einen tiefen Seufzer und glühenden Atem abrupt aufgeweckt wurde.

Sie öffnete ihre Augen und sah Tay-Shung vor sich, der sie aufmerksam beobachtete. Eine tiefe Furche hatte sich auf seiner dunklen und breiten Stirn eingegraben.

»Tay-See«, sagte er ohne irgendwelche Veränderung in seinem Ton, »du hast geschlafen und dabei geklagt. Hast du schlimme Schmerzen? Meine Geliebte, dir geht es ziemlich schlecht, denn das hat sich entsetzlich angehört.«

Sie zuckte zusammen und betrachtete ihn furchtsam.

»Ich habe geklagt! … Habe ich auch gesprochen? …«, stammelte sie.

»Ja, Tay-See, und deinen Lippen entrangen sich recht seltsame Worte. Du hast vom Unglücklichsein gesprochen, von Flucht … Und du hast mehrmals einen Namen wiederholt, der mir fremd ist. Sag mir, was bedeutet ›José‹?«

Tay-See zitterte und betrachtete ihn aufmerksam, so als wolle sie in seinen Augen lesen. Er erwiderte den Blick, obwohl die tiefe Furche noch immer auf seiner Stirn stand.

»Ich weiß nicht, was er bedeutet«, sagte sie. »Träume sind oft so seltsam …«

»José«, wiederholte er. »Weißt du, Tay-See, dieses Wort hat auf mich einen großen Eindruck gemacht.«

Sie antwortete nicht, legte aber eine Hand auf ihr Herz, wie wenn sie einen Stich bekommen hätte. In der Ferne hörte man plötzlich einen kräftigen Trommelwirbel.

Tay-Shung hob abrupt den Kopf und legte seine Rechte um den Griff seines Krummsäbels.

»Was bedeutet das?«, fragte er, während ein wilder Glanz in seine Augen trat. »Sollte der Feind bereits an den Ufern des Dong-Giang angekommen sein? Oh, wehe, wehe ihm dann!«

Er trat ans Fenster und schaute hinaus. Eine Schar Soldaten, die mit Piken, Gewehren und Säbeln bewaffnet waren, näherte sich ziemlich schnell dem Haus. Thay-Mit, Kias Geliebter, marschierte voran. Er trug keine Kopfbedeckung, seine Kleidung war zerrissen, er selbst war schlammbedeckt und außer Atem.

»Thay-Mit«, rief der General. »Was ist los?«

Tay-See hörte es und erbebte. Dennoch stieg sie aus dem Bett und lehnte sich an eine Säule des Zimmers. Kaum war sie aufgestanden, als Thay-Mit bereits hereinstürmte.

Ein Blick von ihm beruhigte sie und sagte ihr, dass sie nichts zu befürchten hatte, weil alles in Ordnung war.

»Was ist passiert?«, fragte der General und eilte auf Kias Geliebten zu.

»Tay-Shung, der Feind steht an den Ufern des Dong-Giang.«

Ein Wutschrei entrang sich den Lippen des Generals.

Ein Wutschrei entrang sich den Lippen des Generals.

»Der Feind?«, brüllte er. »Woher weißt du das?«

»Ich habe ihn mit eigenen Augen gesehen. Sie haben ein Lager in der Nähe des Tempels von Ba-hao-ting aufgeschlagen.«

»Aber wann denn? Wie? Sag, rede, berichte!«

»Ich war gerade auf der Nashornjagd«, sagte Thay-Mit und wiederholte damit brav die Lektion, die er von Kia gelernt hatte, »als ich mich etwa zehn Meilen von hier unversehens in einem französischen Feldlager befand ...«

»Waren es viele?«, fragte Tay-Shung.

»Ich weiß es nicht, hundert, zweihundert, unendlich viele …«

»Sind sie dir gefolgt?«

»Ja, etwa zwei Meilen weit, sie haben auf mich geschossen, um mich zu töten.«

»Ach, der Feind ist hier«, rief Tay-Shung wild. »Das ist gut! So kann ich die Niederlage von Saigon mit einem Blutbad rächen, Thay-Mit! Wir werden gegen die Franzosen ziehen und ihnen auf der Spitze eines Speeres den Kopf des Gefangenen bringen!«

Tay-See stöhnte dumpf auf und wollte etwas sagen, war aber nicht imstande, die Lippen zu bewegen. Glücklicherweise war Thay-Mit auf alles vorbereitet.

»Nein, bei Buddha!«, rief er. »Wenn du ihn tötest, wird gleichzeitig der Kopf des Tûan-fu von Bre-Lum rollen.«

»Was? … Der Kopf des Gouverneurs von Bre-Lum? Der Kopf meines Neffen!«, schrie Tay-Shung fassungslos auf.

»Ja, Tay-Shung, denn die Franzosen haben ihn gefangen genommen.«

»Wann? … Wann?«

»Gestern Morgen.«

»Ach, diese verdammten Kerle!«

»Mach dich bereit loszuziehen, General. Rufe deine Reiterei zusammen und zieh' gegen den Feind, mache ihn nieder und befreie deinen Neffen.«

»Und was ist mit dem Gefangenen, der sich in unserer Hand befindet?«

»Man muss ihn behalten, Tay-Shung. Wenn du siegst, kannst du einen Austausch vorschlagen. Wir geben ihnen den Franzosen und sie lassen deinen Neffen frei.«

»Das ist richtig, Thay-Mit. Vorwärts, lass' hundert Reiter versammeln und ich komme sofort.«

Thay-Mit ließ sich das nicht zweimal sagen und lief eilig davon. Tay-Shung hängte sich eine Arkebuse über die Schulter, gurtete sich seinen Krummsäbel um und wandte sich bewegt Tay-See zu:

»Meine schöne Rose vom Dong-Giang, ich muss ins Feld ziehen, um meinen Neffen zu befreien. Ich werde bald zurück sein, und zwar als Sieger, falls Buddha es will.«

»Auf Wiedersehen, Tay-Shung«, murmelte sie mit kaum wahrnehmbarer Stimme.

Der Krieger gab Tay-See einen flüchtigen Kuss, betrachtete sie kurz verträumt und entfernte sich dann schnell.

Zehn Minuten später hatten sich die hundert Reiter direkt unter dem Fenster versammelt und galoppierten kurz darauf wie ein Wirbelsturm nach Süden. Der General ritt an ihrer Spitze und hielt den Säbel in der Hand.

Als Tay-See hörte, wie sich die Pferde in schnellem Lauf entfernten, versetzte es ihr einen Stich ins Herz. Sie schleppte sich die Wand entlang, setzte sich erneut auf ihr Bett und vergrub ihr Gesicht zwischen ihren Händen.

»Armer Tay-Shung«, murmelte sie mit schwacher Stimme. »Es ist vorbei! …«

Es vergingen zwei lange Stunden, während denen die Sonne hinter den großen Wäldern des Westerns unterging.

Tay-See keuchte wie im Fieber, wartete gespannt und mit Tränen in den Augen. Ihr Herz schlug so laut, als wolle es zerspringen. Tödliche Vorahnungen ließen sie zittern wie ein vom Sturmwind geschütteltes Blatt.

Plötzlich ertönte draußen ein langer Pfiff. Sie erschrak, wie wenn ein Schuss ihre Ohren gestreift hätte, und erhob sich, bleich wie der Tod, erschöpft und zitternd. Dann machte sie eine verzweifelte Anstrengung, um das Fenster zu erreichen, auf dessen Bank sie sich stützte.

4. Kapitel
Die Flucht

Es war eine wundervolle Nacht, eine von jenen Nächten, wie sie nur in den Tropen möglich sind: klar, duftend und einfach zauberhaft.

In den unermesslichen Tiefen des Himmels glänzten Myriaden von hell leuchtenden Sternen, die den von den fernen Bergen im Norden herabströmenden Fluss wie bei Tag beleuchteten. Er sah aus wie ein riesiges Silberband und der Glanz bewirkte, dass die blauen Dachziegel der Tempel, die goldenen Firste der schlanken Türme und die Glockentürme der bogenförmigen Dächer geradezu funkelten.

Ein angenehmer, leichter Wind, der von intensiven Düften erfüllt war, strich von Zeit zu Zeit mit sanftem Gemurmel durch die ausgedehnten Plantagen und säuselte zwischen den Blättern der *Calambuc* und den zahllosen *Tek*[1]. Eine Stille, eine himmlische Ruhe herrschte in dem malerischen Tal, die lediglich durch das Tremolo der drei Saiten der siamesischen *Tro*, die ein Fährmann am Flussufer spielte oder durch das Gebrüll hungriger Tiere unterbrochen wurde, die sich im düsteren Schatten ferner Wälder herumtrieben.

Tay-See stand noch immer am Fenster und starrte berauscht vor Glück auf zwei Männer, die sich – aus den Sesam-Plantagen kommend – näherten. Der eine der beiden war wie ein Cochinchinese gekleidet, der andere wie ein europäischer Offizier. Da entrang sich ihren Lippen ein Schrei:

»José! … José!«

Sie fühlte ihre Kräfte schwinden, glaubte, dass die Freude sie töten könnte, wehrte sich aber heftig gegen die aufkommende Schwäche und klammerte sich mit übermenschlicher Energie an der Fensterbank fest.

In wenigen Augenblicken erreichten die beiden Männer die Wohnung. Thay-Mit, Kias Geliebter, blieb unter einem dichten Strauch mit gezücktem Krummsäbel stehen, während der Spanier – vor Freude schier verrückt – mit einem beschwingten Satz an das Fenster sprang. Zwei Arme fassten nach ihm und zogen ihn mit unendlicher Zärtlichkeit ins Innere des Zimmers, das nur durch den Schein des Mondes schwach erleuchtet war.

---

[1] Gehört zur Familie der Akazien, die hauptsächlich in Australien und Südasien beheimatet ist.

Der Spanier sprang mit einem beschwingten Satz an das Fenster. Zwei Arme fassten nach ihm und zogen ihn mit unendlicher Zärtlichkeit ins Innere des Zimmers.

»Tay-See, Tay-See!«, rief er und umarmte die junge Cochinchinesin liebevoll.

»Ach, mein ersehnter José!«, antwortete die Rose vom Dong-Giang mit erstickter Stimme.

Sie warf sich dem Spanier in die Arme, mehr konnte sie nicht sagen. Er presste seine Lippen auf die ihren, während heiße Tränen über seine Wangen liefen, und zog sie ans Fenster. Dort verharrte er still, keuchte wie im Fieber und verschlang die zierliche Gestalt der geliebten Frau mit seinen Blicken.

»Träume ich denn?«, fragte er aufgewühlt und umarmte sie mit solcher Kraft, dass er ihr schier den Atem nahm. »Ist das wirklich meine Tay-See? Du, göttliche Frau, lass' dich anschauen, lass' dich bewundern! Allmächtiger Gott! ... Ich danke dir dafür, dass ich diese Frau wiedersehen durfte!«

»José! José!«, murmelte sie schluchzend. »Ich spüre, dass mich die Freude umbringen könnte ...«

José hörte nicht auf, sie mit Küssen zu überhäufen.

»Endlich sehe ich dich wieder!«, fuhr er in unbeschreiblich zärtlichem Ton fort. »Wenn du wüsstest, meine Geliebte, wie oft ich in Gedanken nach dir gerufen habe! Wenn du wüsstest, o Tay-See, wie sehr ich in diesen zwei Jahren unter unserer Trennung gelitten habe! Ich habe diese Qualen ertragen und es kommt mir vor wie ein Traum, dass ich noch am Leben bin. Lass' mich in deine Augen schauen, die mich in all meinem Leid stets begleiteten! Lass' mich deine Lippen küssen, lass' dir noch einmal sagen, wie sehr ich dich liebe und für dich sterben würde, nur, um dich glücklich zu machen.«

Tay-See schluchzte an seiner Brust und ließ sich von ihm küssen.

»José, mein geliebter José! Wie gut du bist!«, sagte sie und zog seinen Kopf mit ihren kleinen Händen zu sich heran. »Du hast dich daran erinnert, dass deine Tay-See bereit war, für dich zu sterben, dass du deine arme Rose am Ufer des Dong-Giang zurückgelassen hast. Auch ich habe so viel gelitten, dass ich mich frage, ob ich noch am Leben oder bereits ein Schatten meiner selbst bin! Oh! Wie schrecklich waren diese zwei langen Jahre! Wie viele Qualen, wie viele Tränen und wie viele Stürme haben meinem armen Herzen zugesetzt, wie viele Ängste, Hoffnungen und Illusionen! Ich habe immer auf dich gewartet, nach dir gerufen – doch die Sonne ging immer wieder unter und auf, ohne dass du zurückgekommen bist. Schau nur, was die Leidenschaft aus mir gemacht hat! Ich habe keine Kraft mehr, kein Blut mehr, spüre kein Leben mehr ... Ich fühle, dass ich an meine Grenzen gelangt bin. Warum warst du so grausam und hast mich so lange warten lassen? Warum bist du nicht früher gekommen, um mich zu retten? Warum, José, warum?«

Zwei große Tränen rannen dem Spanier über das Gesicht, der nicht aufhörte, sie zu küssen und immer wieder zu küssen.

»Warum hat das Schiff das Land verlassen, in dem die unglückliche Rose vom Dong-Giang gelebt hat?«

»Ich habe alles versucht, Tay-See, um nicht von dir weggehen zu müssen, doch es war vergeblich. Oh! Wie oft habe ich den Dienst mit dem Schwert verflucht! Wie oft habe ich versucht, ans Ufer der Flüsse Cochinchinas zurückzukehren!«

»Wohin hat man dich denn gebracht?«

»Weit weg, nach Kuba.«

»Hast du viel gelitten?«

»Viel, wirklich viel, wirklich sehr viel, Tay-See. Ich habe nur von dir geträumt, habe nur an dich gedacht, hatte immer nur deinen Namen auf meinen Lippen. Tag und Nacht stand dein Bild vor meinen Augen, Tag und Nacht schienen mich Wut und Verzweiflung zu erdrücken, weil ich dachte, dass es unmöglich sei, dich zu retten. Mit jedem Meter, mit dem ich mich von dem Land, in dem du lebtest, entfernte, fühlte ich, wie die Schmerzen meines Herzens größer wurden. Wie oft, Tay-See, saß ich im Heck des Schiffes mit dem Blick nach Osten und reichliche Tränen flossen in die Wellen, die sich an den Küsten deiner Heimat badeten. Wie oft rief ich nach dir und wie oft habe ich verzweifelt den Selbstmord erwogen.«

»Armer José!«

»Aber ich bin zurückgekommen, um dich, Tay-See, verstehst du, nie mehr zu verlassen, nie mehr. Sie mögen nur kommen, deine Landsleute; er möge nur kommen, der verhasste Tay-Shung!«

»Schweig, schweig!«, sagte sie und legte ihre Finger auf die Lippen des Spaniers, der sie gierig küsste.

»Schweigen!«, rief er, äußerst erzürnt. »Warum sollte ich schweigen? War es nicht der verdammte Tay-Shung, der alle diese Schmerzen verursacht hat? Wenn ich an ihn denke, spüre ich, wie sich Hass in meinem Herzen entzündet und der Durst nach blutiger Rache in mir hochkommt.«

»Sprich nicht so, José«, murmelte Tay-See sanft.

»Ich hasse ihn«, fuhr der Spanier fort und ballte die Fäuste. »Ja, ich hasse ihn, weil er es war, der einen Keil zwischen zwei Menschen getrieben hat, die sich liebten. Er war es, der dich ans Ufer des Dong-Giang geschleppt und damit an den Rand des Grabes gebracht hat. Er war es, der mich dem Tod gegenübergestellt hat und er war es, der unsere beiden Herzen so sehr gequält hat. Ich dürste nach seinem Blut und fühle, dass ich es bis auf den letzten Tropfen trinken werde.«

»Er hat mich geliebt, José!«, sagte sie und seufzte. »Die Liebe hat ihn verblendet.«

»Ich möchte seine Liebe zwischen meinen Füßen zertreten und auf eine Art und Weise auslöschen, dass nicht einmal die kleinste Erinnerung an ihn zurückbleiben kann.«

»Armer Tay-Shung!«

»Sag das nicht, Tay-See; sag, dass du ihn verachtest.«

»Nein, das kann ich nicht, José, ich habe Mitleid mit ihm.«

»Aber der verdammte Kerl wird dich nie mehr zurückbekommen«, rief der Spanier wütend. »Er sollte es nur versuchen …«

Er unterbrach sich und erschauerte, während Tay-See ihrem Geliebten die Arme um den Hals legte und ihn mit traurigen Augen ansah.

»José! … José!«, murmelte sie.

»Wirst du die Meine sein?«, fragte er. »Wirst du mit mir kommen?«

»Führe mich nicht in Versuchung, José. Ich bin für immer an ihn gebunden.«

»Dann brich diese Verbindung!«

»Ich bin seine Frau.«

»Nein, denn er hat dich gekauft und mit Gewalt mitgenommen.«

»Aber wenn ich fliehe, begehe ich ein Verbrechen.«

»Das ist kein Verbrechen, Tay-See. Wir wurden geschaffen,

um zu leben und uns zu lieben. Dieser Mann trieb einen Keil zwischen mich und dich, indem er sich zwischen uns stellte. Brechen wir ihn heraus! Komm mit mir, vertraue mir dein Schicksal an und verlass' diesen Ort! Ich werde dich weit weg von hier in meine Heimat bringen, in den Schoß des Glücks. Ich werde dein und du wirst mein sein für immer. Zerbrich diese Verbindung, Rose vom Dong-Giang, und fliehe mit mir!«

»Ich kann nicht und ich darf nicht, José!«

»Warum nicht? Liebst du vielleicht diesen Mann?«

»Nein, aber ich kann ihn nicht hassen. Ich darf keinen Ehebruch begehen.«

»Fliehen wir, Tay-See. Die Minuten sind kostbar. Komm, komm, wenn du mich liebst.«

»Dann bin ich dein, aber unglücklich«, rief sie zitternd und voller Angst. »Wir sprechen vom Glück und doch steht der Tod vor uns.«

»Der Tod ...«, murmelte der Spanier und griff mit der Hand nach seinem Herzen.

»Du siehst, José, unser Schicksal ist unerbittlich.«

José unterdrückte einen Wutschrei.

»Verdammtes Schicksal«, rief er. »Wann hörst du endlich auf, mich zu verfolgen? Gott, o Gott, lass' nicht zu, dass der Tod die Existenz zweier Menschen, die sich so sehr lieben und die so viel gelitten haben, zerstört!«

Tay-See hob den Kopf und betrachtete weinend den Geliebten.

»José«, sagte sie mit brechender Stimme, »ich will nicht, dass du stirbst! Ich will, dass du frei bist und zurückkehrst! Tay-Shung wird heute Nacht wieder hier sein und dann werde ich ihm alles erklären. Er ist schrecklich, aber auch großzügig. Er liebt mich sehr und wird mir nichts abschlagen. Du kannst morgen frei sein und zu deinen Landsleuten zurückkehren. Ich sterbe bald, ja, ich fühle das. Aber ich werde glücklich sterben, weil ich dich gerettet habe.«

Schluchzen erstickte ihre Stimme.

Der Spanier nahm sie in die Arme, küsste ihr Gesicht und sagte dann:

»Niemals, o meine Tay-See, werde ich dich hier lassen, um mich zu retten, niemals!«

Er führte sie ans Fenster und zeigte zum Horizont, an dem schnell immer mehr dunkle Wolken aufzogen.

»Tay-See«, sagte er, »die Nacht kommt schnell mit Riesenschritten. Der Weg dorthin ist frei und da lagern meine Landsleute. Noch ist es, begünstigt durch den Schutz der Dunkelheit, leicht, zu fliehen, solange Tay-Shung weit weg ist. Ich bin bereit, all mein Blut für dich zu vergießen, bin zu allem bereit, sogar meinen Rivalen für dich zu töten. Schau: Hier ist das Leid, hier sind die Qualen, hier ist der Tod – dort aber sind die Freiheit, die Liebe, das Glück und das Leben! Wähle also!«

»José, hab' Erbarmen mit mir, führe mich nicht in Versuchung, bedränge mich nicht, den Mann zu verraten, der mich zu der Seinen gemacht hat. Ich habe düstere Vorahnungen. Ich spüre, dass ein großes Unglück bevorsteht.«

»Wenn sich uns Hindernisse in den Weg stellen, werden wir sie überwinden. Wovor hast du Angst, Tay-See? Bin ich nicht bei dir?«

»Und Tay-Shung? Hast du den vergessen?«

Der Spanier fühlte, wie ihm das Blut zu Kopf stieg.

»Reden wir nicht von ihm, Tay-See! Er ist weit weg.«

»Aber er kann schnell wieder da sein und Tay-Shung ist schrecklich. Ach, José, mir kommen recht traurige Vorahnungen in den Sinn.«

»Das Fieber ist schuld daran, dass du überall Gefahren siehst. Hör mir zu: Kürzlich habe ich im Norden einen großen schwarzen Bogen gesehen, ein untrügliches Zeichen für einen bevorstehenden Wirbelsturm. Hörst du nicht, wie der Wind von den Bergen her bläst? Hörst du nicht schon den Donner dröhnen? Siehst du nicht, wie der Mond von schwarzen Dunstwolken verhüllt wird?«

»Doch, ich höre und sehe alles.«

»Wenn der Sturm losbricht, fliehen wir. Thay-Mit wartet

auf mich hier in der Nähe und es wird ihm nicht schwerfallen, ein Pferd zu beschaffen. Mag uns Tay-Shung doch verfolgen, wenn er Mut hat! Mag er es wagen, uns den Weg zu versperren, wenn er dazu imstande ist! Die Kugel meines Gewehres wird ihn aufhalten. Wovor hast du Angst, meine schöne Rose vom Dong-Giang? In zwei Tagen wird zwischen uns und Cochinchina eine unüberwindbare Kluft liegen: nämlich das Meer.«

»Und du willst mich mitnehmen?«

»Ja, ich möchte dich mit in meine Heimat nehmen.«

»In deine Heimat? Aber weißt du denn nicht, José, dass ich eine Cochinchinesin bin, eine farbige Frau, eine Feindin deiner Rasse? Allein die Vorstellung, dass du meinetwegen Probleme bekommen könntest, jagt mir schon einen Schrecken ein. Nein, José, nein, reise du allein ab! Geh deinen Weg, sei frei, sei glücklich … Und denke manchmal an deine unglückliche Tay-See.«

»Gott! … O Gott!«, rief der Spanier wie im Fieber. »Du bist wirklich wie ein göttliches Wesen!«

Er setzte sie auf das Bett, zündete eine Talglaterne an und richtete ihren Schein auf das Fenster.

Der Mond war unter einem dichten Dunstschleier und in der tiefen Dunkelheit verschwunden. Von Zeit zu Zeit flackerten bläuliche Blitze aus dem Norden her und Windstöße ließen die Äste der Bäume knarzen und die zahllosen Wetterfahnen der Zitadelle schaurig quietschen.

Er setzte sich auf das Fensterbrett, schaute aufmerksam nach links und nach rechts, führte die Hände zum Mund und ahmte den Schrei eines Pfaus nach.

»Was machst du da?«, fragte Tay-See erschrocken.

»Ich rufe Thay-Mit.«

»Warum?«

»Tay-See, du darfst nicht hier bleiben. Du fliehst mit mir, du musst dieses Haus verlassen.«

»José, aber alle werden mich verfluchen, wenn ich mit einem Feind meiner Heimat geflohen bin.«

»Das wird sich zeigen, Tay-See.«

»Nun gut … ja, ich bin dein, ich gebe alles auf … Nimm mich, ich bin dein, hier bin ich! Ich habe kein Zuhause mehr!«

»Sag das nochmal! Sag das nochmal!«

Die Cochinchinesin umschlang den Hals des Spaniers und liebkoste ihn mit ihren Lippen.

»Ja, ich bin dein.«

»Das genügt mir«, rief José. »Wehe dem jetzt, der dich anrührt, wehe ihm!«

Die beiden Liebenden drückten sich für kurze Zeit zärtlich eng aneinander. Der grollende Donner und der starke Wind, der beinahe die Laterne ausblies, veranlassten den Spanier zu handeln. Er löste sich aus den Armen der Geliebten und drehte sich zum Fenster um, an dem Thay-Mit rittlings auftauchte.

»Mein Freund!«, rief der Spanier in fieberhafter Aufregung. »Bist du der Rose vom Dong-Gian ergeben?«

»Kia ist die Sklavin Tay-Sees und Thay-Mit ist der Sklave Kias. Sprich, was soll ich tun?«

»Thay-Mit, diese Nacht muss ich fliehen.«

»Und was wird Wang, der Gefängniswärter dazu sagen?«, fragte der Cochinchinese erschrocken. »Er wird mich beschuldigen, ihn betrunken gemacht zu haben, um dich zu befreien.«

»Die Rose vom Dong-Giang will es und du musst gehorchen! Wenn ich hier bleibe, wird mich Tay-Shung umbringen. Aber ich kann jetzt nicht sterben, weil ich dieser Frau mit Leib und Seele gehöre.«

»Und die Rose vom Dong-Giang?«

»Sie wird mit mir kommen. Tay-Shung wird sie nie mehr wiedersehen.«

»Aber Tay-Shung wird seinen Zorn an mir auslassen.«

»Der Weg nach Süden ist frei und dort werden wir meine Landsleute treffen. Ich fliehe mit Tay-See, du mit Kia und wir werden die beiden glücklich machen. Ich gebe dir den Treffpunkt des spanischen Lagers.«

»Ja, ja, dann werde also auch ich fliehen«, sagte Thay-Mit. »Du gibst die Befehle. Was soll ich tun?«

»Ich brauche ein gutes Pferd, eins, das schnell wie der Wind ist. Denn ich muss in wenigen Minuten weit weg von hier sein.«

»Und das Gewitter? Pass' auf, es wird schrecklich sein, denn vor drei Tagen habe ich einen schwarzen Bogen am Horizont gesehen.«

»Heute Nacht würde ich sogar den Zorn Gottes herausfordern! Lauf, ich will es und Tay-See will es auch.«

»Nun, dann möge der Wille der Rose vom Dong-Giang geschehen«, sagte Thay-Mit und sprang vom Fensterbrett hinab.

Schon wenige Minuten später war er wieder da und führte ein feuriges Ross an der Hand, das sich bei jedem Donner wiehernd aufbäumte und in dem ungestüm blasenden Nordwind mit geblähten Nüstern schnupperte.

»Tay-See«, sagte der Spanier bewegt und nahm die junge Frau in die Arme. »Verabschiede dich ein letztes Mal von diesem Haus und diesem Ort, denn du wirst beides nie wiedersehen. Mut, meine Freundin: Das Glück wartet auf dich!«

Der Spanier zog sie zur Tür; im gleichen Augenblick erlosch die Laterne unter einem heftigen Windstoß und ein Wiedehopf auf dem Hausdach kreischte dreimal schaurig. Tay-See erschauerte und murmelte:

»Ein Unglück wird uns treffen …«

José gab keine Antwort. Er nahm ein Gewehr und zwei Pistolen von der Wand und verließ dann – die Geliebte stützend, die sich nicht mehr halten konnte – das Haus. Thay-Mit bändigte mit großer Mühe das Pferd, das sich noch immer bei jedem zuckenden Blitz aufbäumte.

»Steig schnell auf!«, sagte der Cochinchinese. »Das Unwetter wird gleich losbrechen.«

José schnellte sich in den Sattel, presste die Knie an das Tier, griff nach dem Zaumzeug, hob dann Tay-See zu sich empor, die sich an seine Brust drückte.

»Mut«, flüsterte er ihr zu.

»Ich gehöre dir, im Leben und im Tod«, antwortete sie und umklammerte seinen Hals.

»Auf Wiedersehen, arme Rose vom Dong-Giang«, sagte Thay-Mit. »Im Lager werden wir uns wiedersehen.«

José gab ihm ein Zeichen, Thay-Mit ließ los und das feurige Ross, welches das Liebespaar trug, stob schnell wie der Wind davon, um in der Dunkelheit zu verschwinden.

5. Kapitel
Die Verfolgung

Die Wirbelstürme, welche in Tonkin und Cochinchina wüten, haben einen sehr traurigen Ruf. Sie entstehen für gewöhnlich alle vier oder fünf und manchmal sogar erst alle neun Jahre. Wenn sie dann aber die Gegend heimsuchen, dann zerstören sie Häuser, Dörfer, ganze Städte, Plantagen und riesige Wälder gleichermaßen. Ein solcher Ausbruch kann an die zehn bis zwölf Stunden lang dauern und die eine Hälfte des Sturms tobt dabei von Norden nach Süden, während die andere von Süden nach Norden zieht, um dann die verwüsteten Seiten zu wechseln.

Zur gleichen Zeit, als die Liebenden Bien-hoa verließen, entfesselte sich die Naturkatastrophe, die sich bereits vor drei Tagen durch den großen schwarzen Bogen am Himmel angekündigt hatte, mit aller Macht.

War die Nacht eben noch klar und leuchtend gewesen, so wurde sie nun mit einem Mal so dunkel, dass man keine zehn Schritte weit mehr sah und die Luft war schwer und stickig. Aus den schwarzen Wolken, die tief am Himmel trieben, kamen heftige Windstöße, und zwar sowohl aus dem Norden als auch aus dem Süden. Wenn sie mit Getöse aufeinandertrafen, wirbelten sie wütend die großen Blätter der Bananensträucher und Kirschbäume durcheinander und schüttelten die Wipfel der riesigen *Calambuc* und der hochaufragenden *Tek*-Bäume. Außerdem verwüsteten sie die ausgedehnten Bambusplantagen.

Wenn man beizeiten von diesen heftigen Windstößen wüsste, könnte man sich besser auf sie vorbereiten und entsprechend schützen.

Auf das schreckliche Wüten folgte nun ein Augenblick bedrückender Ruhe, dann aber hörte man wieder das Pfeifen in der Luft. Erneut wurden alle Wälder durchgeschüttelt; das Geäst stöhnte schaurig, der Bambus krümmte sich und die wilden Tiere winselten verängstigt.

Das Pferd, von all den Blitzen erschreckt, die immer häufiger herabzuckten, spitzte die Ohren, schnob panisch, wieherte und beschleunigte seinen Lauf, als wolle es mit dem Wind wetteifern, um Zuflucht zu finden, bevor der Sturm in all seiner schrecklichen Macht losbrach.

José zügelte es nicht, sondern ließ es die ächzenden und dunklen Wälder durchqueren, wobei er es ihm auch überließ, Baumstümpfe und Gesträuch zu vermeiden.

Stolz aufgerichtet im Sattel sitzend und mit brennendem Blick war der Spanier dennoch optimistisch. Begierig sog er die von Elektrizität gesättigte Luft ein. Wie im Fieber presste er leidenschaftlich Tay-See, die sich in seinen Armen allmählich wie eine welkende Blume zusammenkrümmte – einer Blume, aus deren Stängel das Leben zu entweichen schien – zärtlich an seine Brust.

»Meine geliebte Rose vom Dong-Giang«, rief José und drückte seine glühenden Lippen auf ihre eiskalte und schneeweiße Stirn. »Schau mich an, schau mich an!«

Sie öffnete die Augen, die Lippen waren melancholisch halb geschlossen und schlang ihre Arme um seinen Hals. Dann rief sie:

»Ach, José, wie sehr liebe ich dich!«

Der Spanier führte ihre Lippen an seinen Mund und gab ihr einen feurigen Kuss.

»Brüll nur, brüll', du Sturm!«, rief er dann und richtete sich im Steigbügel auf. »Ich fordere dich heraus, ohne zu zittern! Du wirst sehen, meine geliebte Tay-See, ich werde dich nach Saigon bringen, zu meinen Landsleuten, obwohl die Natur derart wütet und dort werde ich dich glücklich machen. Warum zitterst du so? Weder dein Buddha noch seine Blitze werden imstande sein, mich in dieser Nacht aufzuhalten.«

»Lästere nicht, José«, murmelte sie bebend. »Dir könnte ein Unglück zustoßen!«

»In dieser Nacht kann uns beiden kein Unglück zustoßen. Ich spüre, dass ich die Kraft habe, allem zu widerstehen und zu siegen.«

Kurz darauf zitterte Tay-See so stark und klammerte sich derart heftig an die Brust des Spaniers, dass dieser in seinem Schrecken die Hand nach den Pistolen ausstreckte.

»Tay-See«, rief er, »was hast du?«

»Ach, José«, stammelte sie entsetzt.

»Was möchtest du denn, meine Seele? Wer sollte es wagen, dich zu bedrohen?«

»Schau dort hinunter! Ich sehe, wie sich Feuer im Wald ausbreitet.«

José drehte sich um und sah, wie sich über den Bäumen, die in der größten Dunkelheit lagen und über Erdhügeln und kleinen Steinpyramiden etwa vierzig verschiedene Brände geradezu tanzend austobten. Sie wurden zudem durch den starken Luftstrom angezogen, den das schnelle Pferd des Spaniers verursachte, und loderten nun auch schon über dem Wegrand.

»Das sind Irrlichter«, sagte er und drückte die junge Frau mit noch größerer Kraft an sich.

»Es sind die Seelen der Toten, die kommen, um mich zu verfluchen …«, sagte sie und stieß einen Schrei des Entsetzens aus. »Schau, dort unten gibt es einen Friedhof.«

»Fürchte dich nicht, Tay-See!«, murmelte er.

»Ach, es ist die Seele meines Vaters, die mich verfolgt … Er wurde dort begraben … Ich habe Angst …, habe Angst …«

»Tay-See«, schrie José wütend und ballte die Faust in die Richtung der Brände. »Auch wenn das die Seele deines Vaters ist, fühle ich mich in dieser Nacht in der Lage, sogar ein Grab zuzuschaufeln, falls es uns den Weg versperren sollte.«

Die junge Frau stieß einen Klageruf aus, auf den der erste

Donnerschlag folgte, der die endgültige Entfesselung des Sturms ankündigte.

»Zittere nicht, meine schöne Rose vom Dong-Giang«, rief der Spanier, spornte sein Pferd weiterhin an und hob den Kopf. »Ich bin bei dir.«

»Nein, ich habe keine Angst, mein Liebling!«, antwortete sie.

Aus der Dunkelheit der Wälder erklang das Krähen eines Hahns.

»Alles ist gegen uns, José«, sagte sie erschauernd. »Sogar der Hahn sagt Unglück voraus.«

»Aber ich stelle mich dagegen.«

In diesem Augenblick zerriss ein gewaltiger Blitz, dem ein beängstigendes Donnergrollen folgte, den Himmel bis an seine äußersten Grenzen. Der Spanier wischte sich den Schweiß von der Stirn, presste die Knie mit noch mehr Kraft dem Tier in die Flanken und trieb sein Pferd immer weiter an.

Bald darauf zuckte in fantastischer Geschwindigkeit Blitz auf Blitz herab und beleuchtete flackernd und bläulich die gesamte Umgebung, was ihr ein geradezu geisterhaftes Aussehen verlieh. Brüllend wütete der Donner, bis er sich in der Ferne verlor, immer stürmischer wurde die Nacht; der Wind tobte mit extremer Gewalt und es schüttete in Strömen.

Die Blitze durchpflügten die Luft und schlugen allerorten ein, wobei selbst der Urwald mit seinen hohen Bäumen nicht ungeschoren davonkam.

»José! José!«, rief die Rose vom Dong-Giang entsetzt.

»Nur Mut, meine geliebte Tay-See!«, rief der Spanier und stützte sie sanft. »Zittere nicht, du liebes Mädchen!«

Das Pferd hatte die Augen weit aufgerissen und die Nüstern gebläht und trug das Liebespaar in rasendem Lauf immer weiter voran, sogar durch den Wald, vorbei an Teichen und Bächen, die zu reißenden Strömen geworden waren und durch niedergerissene Plantagen. Es überquerte Gräben, Büsche und Baumstämme, ganz so, als hätte es Flügel.

José saß fest im Sattel; seine Miene war noch immer zuversichtlich. Die Knie hatte er dem Ross in die Flanken gedrückt, die Arme um die Geliebte geschlungen. Zu seinen Seiten sah er vom Blitz getroffene oder vom Wüten des Windes entwurzelte Bäume, die an den Waldrand gewirbelt worden waren; er sah, wie die Blitze immer wilder und lebhafter zuckten, sah durcheinandergewirbeltes Schilf, Bambus, Blätter und Reispflanzen; sah, wie Bananen, Orangen, Mangos und Hunderte andere Obstsorten der Wälder herabgefallen, aufgeplatzt und gespalten waren und er hörte im Buschwerk die wilden Tiere heulen und die Vögel, welche vom Wirbelsturm einfach weggefegt worden waren, aufgeregt schnattern – doch er spornte sein Pferd unerschrocken immer weiter an.

»Brüll nur, brüll'!«, rief er und presste die Flanken des Tieres. »Fürchte dich nicht, Tay-See, ich beschütze dich!«

Und er drückte sie fester an seine Brust, sein heißer Atem vermischte sich mit dem ihrigen, sein Herz schlug an ihrer Brust und die langen Haare der geliebten Rose vom Dong-Giang, welche der Wind aufgelöst hatte, peitschten sein Gesicht.

Sein Blut floss schneller aufgrund der engen Nähe und brennendes Verlangen ergriff von ihm Besitz. Zärtlich strichen seine Finger über den zitternden und von Angst geschüttelten Körper der geliebten Frau.

»Ich liebe dich! Ich bete dich an!«, wiederholte er immer wieder. »Wie schön du bist! Was für ein erhabenes Wesen du in dieser Nacht des Grauens bist! Ach, ich wünschte, dass diese Flucht nie zu Ende ginge!«

Und Tay-See sog diese leidenschaftlichen Worte des Geliebten gierig auf. Sie klammerte sich an seinen Hals, richtete sich auf, bis ihre Lippen die seinigen berührten und so fanden sie sich – trotz des entfesselten Sturmes – zu einem heißen Kuss.

Es war ein ganz außerordentliches Bild, wie diese beiden Menschen einander wie im Fieber ihre Liebe zeigten, während um sie herum Blitze einschlugen, der Wind rauschte und die Gewalt der Natur alles zerstörte. Dies war echter Rausch der Sinne, dies musste die wahre Liebe sein.

So verflogen die Stunden, eine wie die andere: Vom Regen

gebeutelt und durchnässt, von Blitzen geblendet, nahezu taub vom Donner, rasten sie durch Plantagen, durchquerten sie Sümpfe, Wiesen und Wälder, bis auf einmal ein barscher Ruf an ihre Ohren drang:

»Halt!«, brüllte jemand drohend.

Da stieß Tay-See einen herzzerreißenden Schrei aus und klammerte sich verzweifelt an den Spanier.

»José! José!«, stammelte sie, dann rief sie entsetzt aus: »Tay-Shung, das ist Tay-Shung!«

Als der Spanier diesen Namen hörte, hatte er das Gefühl, dass sich seine Haare sträubten. Er presste die Geliebte so heftig an sich, dass diese sich nicht mehr rühren konnte, trieb wütend sein Ross an und blickte sich um.

Unter einem Bananenstrauch, etwa fünfhundert Schritte entfernt, entdeckte er im Licht eines Blitzes tatsächlich Tay-Shung, der von seinen Soldaten umgeben war.

»Ach, dieser elende Mensch!«, entfuhr es ihm und die heftigen Windstöße schienen die Worte tausendfach nachklingen zu lassen.

»Bleib stehen, Verdammter!«, donnerte die wütende Stimme des Generals, der soeben Tay-See in den Armen des Spaniers erblickt hatte.

Sechs oder sieben Schüsse erklangen gleichzeitig. Der Spanier spürte, wie die Kugeln um ihn herum pfiffen, hielt jedoch nicht an. Er umfasste die arme Tay-See fester, drückte sie leidenschaftlich an seine Brust und trieb sein Pferd immer dichter in den Wald.

»Fliege! Fliege!«, schrie er wie von Sinnen.

Tay-Shung stieß einen zweiten Schrei aus.

»Halt an, elender Wicht, beim Tode Buddhas! Ich werde dir lebendig die Haut abziehen lassen!«

Ein wütendes Wettrennen entstand zwischen den Flüchtlingen und den Verfolgern, während der Sturm mit extremer Wut tobte und alles um sie herum zu verwüsten schien. José, mit brennenden Augen, zitterte vor Zorn und Angst gleichermaßen; unaufhörlich spornte er sein edles Ross an, das pfeilschnell mit riesigen Sprüngen dahinflog, während sie der Sturm umbrauste. Hinter ihnen galoppierten die Pferde der brüllenden Cochinchinesen mit Tay-Shung an der Spitze, der verzweifelt seinen Krummsäbel schwang.

»Halt! Halt!«, wiederholte der General außer sich vor Wut und Schmerz schreiend. »Gib mir meine Tay-See, gib mir meine Rose vom Dong-Giang zurück!«

»Fliege! Fliege!«, wiederholte der Spanier mit zusammengebissenen Zähnen und trieb sein Pferd verzweifelt an.

Kalter Schweiß lief ihm über die Stirn, dunkle Sorgen bedrückten ihn, sein Herz klopfte wie rasend und das Blut stieg ihm zu Kopf. Am liebsten hätte er angehalten und den verhassten Verfolger auf der Stelle umgebracht. Dreimal wandte er sich in seinem Zorn um, weil er sehen wollte, ob der Feind in Schussweite war und dreimal verhinderte die halbohnmächtige Tay-See in letzter Sekunde sein Vorhaben, indem sie sich mühsam nach der Büchse streckte und diese wegdrückte.

Nach und nach ermüdeten die Pferde der Cochinchinesen von dem langen Lauf, fielen hinter ihnen immer mehr zurück und schließlich waren auch ihre wütenden Schreie nicht mehr zu hören, die der entfesselte Sturm erstickte.

Obwohl sein Pferd stark ächzte und Blutspuren auf dem Weg hinterließ, trieb der Spanier sein Reittier weiter unerbittlich an. Er sprengte durch die auf schreckliche Weise verwüsteten Plantagen von Lua-khong-dieu und auch durch Sumpf, in dem er bis zum Sprunggelenk einsank. Wohin er genau ritt, wusste der Spanier nicht und das störte ihn auch nicht. Es bedeutete ihm nicht viel, ob er nun wusste, ob er sich in der Nähe der Grenze oder dem Lager der Franzosen befand oder ob er vielleicht sogar immer weiter ins Landesinnere vordrang:

Es genügte ihm zu sehen, dass er im schnellen Lauf dahinraste, dass er sich immer mehr entfernte und genug an Boden gewann, dass Tay-Shung jede Hoffnung, Tay-See in die Hände zu bekommen, fahren lassen musste.

Aber nach etwa zwei Meilen blieb das Pferd plötzlich stehen und ließ den Kopf sinken. Es keuchte ganz erbärmlich, zitterte und die ganze Brust war mit Schaum bedeckt; aus den Nüstern spritzte zweimal Blut.

»Vorwärts! Vorwärts!«, rief der Spanier unbarmherzig.

Das arme Tier lief noch etwa fünfzig Schritte, dann brach es zusammen und fiel auf die Seite, die beiden Liebenden mit sich reißend. Tay-See stürzte beim Aufprall gegen aufgewühlte Erde.

»José! … José!«, murmelte sie entsetzt. »Was ist los? Wo sind wir? Warum ist dieses Pferd tot? Und Tay-Shung? Wo ist dieser Mensch, der uns verfolgt?«

»Fürchte dich nicht, Tay-See«, rief der Spanier und küsste sie. »Dieser Mann ist weit weg und wird uns nicht erreichen. Nein, er wird dich nicht aus meinen Armen reißen, dieser gottverdammte Mensch.«

Tay-See legte ihr Köpfchen an seine Schulter.

»Wo sind wir?«, fragte sie erneut und zitterte wie ein Blatt im Wind.

»Ich weiß es nicht, aber das ist mir auch gleichgültig. Ich bin stark und werde dich ins Lager der Franzosen bringen. Tay-Shung ist hinter uns her und wir müssen weiter fliehen, damit wir ihm nicht in die Hände fallen.«

»Ich habe Angst, José, ich habe Angst!«

»Wovor hast du Angst? Ich bringe dich ins Land der Freiheit, ich habe dich Tay-Shung und seinen Kriegern entrissen.«

Er warf sich das Gewehr über die Schulter, steckte die Pistolen in die Taschen, nahm die Geliebte wieder in die Arme und lief weiter, als ob er das Gewicht der teuren Last gar nicht spürte. Unter all dem Sturmgebraus, das von Norden nach Süden tobte, waren noch immer Tay-Shungs Gebrüll und das Galoppgeräusch der Pferde zu vernehmen.

»Fürchte nichts, Tay-See«, rief José. »Ich werde rennen wie ein Hirsch.«

Und er rannte, rannte und rannte wie ein von Hunden gehetzter Hirsch durch den Wald, ungeachtet rauschender Bäche und unversehens auftauchender Teiche und herumliegender, vom Blitz gefällter Bäume, von Blitzen geblendet und vom

Donner betäubt, vom Regen gepeitscht und von heftigen Windböen getrieben.

Stets kam es ihm so vor, als seien der Galopp der sie verfolgenden Pferde, die schreckliche Stimme Tay-Shungs und das Gebrüll seiner Soldaten zu hören, weshalb er seine Geschwindigkeit verdoppelte, was ihm den Schaum auf die Lippen trieb. Alles verschwamm vor seinen Augen und der Atem schien ihm auszugehen. Vergeblich bat ihn Tay-See, innezuhalten, um sich eine Pause zu gönnen; vergeblich bat sie ihn, sie gehen zu lassen, damit er sich nicht zu sehr verausgabe.

Er wollte nichts davon hören und wiederholte immer wieder mit erstickter, halb verlöschender Stimme:

»Vorwärts! Immer weiter!«

So rannte er noch eine Dreiviertelstunde, als ein plötzlich herabzuckender Blitz vor ihnen die Sicht auf ein seltsames mit Dachfirsten und Türmen versehenes Gebäude freigab, das von Trümmern und Ruinen umgeben war.

Unentschlossen, erschöpft und argwöhnisch hielt er an.

»Was hast du?«, fragte Tay-See und löste sich aus seinen Armen.

»Ich sehe … ein großes weißes Gebilde …«, antwortete der Spanier mit brechender Stimme.

»Das ist ein *Dinh,* José!«

»Gott sei gesegnet!«, murmelte der Spanier, packte seine Geliebte erneut und lief, die Ruinen überkletternd, auf den *Dinh* zu.

6. Kapitel
Die Gefangenen

In Cochinchina ist ein *Dinh* nichts weiter als ein mehr oder weniger weitläufiger und mehr oder weniger reich ausgestatteter Tempel, welcher der Verehrung der Gottheiten des Meeres, aber auch Buddha oder Fo gewidmet ist.

Jedes Dorf, so klein es auch sein mag, hat seinen *Dinh* und sogar in den Wäldern taucht oft ein Ort mit solchen Bauten auf, die mit ihren Türmen auf den bogenförmigen Dächern und den kolossalen Statuen nicht nur sehr schön, sondern auch noch recht gut erhalten sind.

Jener Tempel, auf den der Spanier nun zueilte, um dort vor dem Sturm und seinen Verfolgern Zuflucht zu suchen, war jedoch weitgehend zerfallen. Dennoch musste er, wie die das dichte Grün durchzuckenden Blitze eindrucksvoll belegten, mit seinen marmornen Mauern und den riesigen hölzernen Säulen – die geschnitzt und vergoldet waren – sowie den beiden Türmen auf den Dächern, welche denen der chinesischen *Tai-tzeu*[1] glichen, einst großartig gewesen sein.

José, der von dem langen Lauf erschöpft, vollständig durchnässt, sehr müde und auch verletzt war und an dem sich die Geliebte noch immer festklammerte, kämpfte sich äußerst mühsam durch den Trümmerhaufen. Dabei stellte er fest, dass die Eingangstür zum Tempel ausgehängt und zerbrochen war.

Er blieb einen Augenblick lang stehen und lauschte auf die Geräusche aus der Ferne, warf einen Blick zurück in den Wald und betrat dann einen Gang, in dem der Wind in allen Tonarten blies und an dem baufälligen Dach und den Wänden zerrte und rüttelte.

»José, wohin bringst du mich?«, fragte Tay-See ängstlich.

»Ich bringe dich in den Tempel«, entgegnete der Spanier. »Dort sind wir vor dem Regen und den Kugeln unserer Verfolger geschützt. Dann werde ich mich Tay-Shung und seinen Kriegern stellen.«

»Dieser Ort macht mir Angst, José. Hörst du nicht auch Geräusche dort hinten im Gang? Es ist der verärgerte Gott, der uns verflucht.«

»Es ist nur der Wind, der zwischen Säulen pfeift. Fürchte dich nicht vor Buddha: Selbst wenn er in dieser Nacht erscheinen würde, wäre ich imstande, sogar ihn zu besiegen.«

[1] *Tai-tzeu* sind neunstöckige chinesische Türme, in denen man Reliquien Buddhas verwahrt.

»Sag nicht so etwas!«

»Ich glaube nicht an deinen Buddha.«

»Schweig, schweig!«

Der Wind nahm in dem schmalen Gang immer mehr an Stärke zu und von der gegenüberliegenden Seite her erklangen tausend Seufzer, tausend Pfiffe und tausend Schreie; man hätte glauben können, eine ganze Legion von Dämonen habe sich in dem Tempel verschanzt.

Tay-See, abergläubisch wie alle Frauen ihrer Rasse, zitterte bei diesem Gebrüll, das in der Tat etwas Übernatürliches an sich hatte, und bat den Spanier, stehenzubleiben.

Doch der wusste, dass er von einem Mann verfolgt wurde, der ihn um keinen Preis der Welt verschonen würde, und setzte seinen wackeligen und höchst unsicheren Lauf fort, bis er merkte, dass er das hintere Ende des Ganges erreicht hatte und in das Innere des Tempels gelangt war.

Er hielt einen Moment inne und lauschte dem wütenden Gebimmel der Glocken, das von den Türmen her erklang, deren Geräusch das Echo des Blitzes verhundertfachte. Dann nahm er eine Pistole in die rechte Hand, stützte mit dem linken Arm die Geliebte und schritt weiter voran. Als der dröhnende Schlag einer großen Glocke erklang, der im Tempel widerhallte, wich er erschrocken bis zur Wand zurück.

Tay-See stieß einen Angstschrei aus.

»José, José!«, rief sie. »Lass' uns von hier fliehen!«

»Auf keinen Fall, Tay-See.«

»Hast du nicht die Stimme des Gottes gehört?«

Der Spanier wollte eben weitergehen, als sein Blick auf eine riesige weiße Gestalt fiel, die sich in der Mitte des Tempels befand. Obwohl er ein mutiger Mensch war, spürte er, dass ihm ein Schauer durch die Knochen fuhr.

»Wer ist da?«, schrie er, eher zornig als ängstlich. Niemand antwortete und auch die Gestalt bewegte sich nicht.

»Das ist ja eine Statue«, murmelte er dann.

»Und dieser Schlag? Hast du nicht gehört, dass der Gong geschlagen wurde?«, fragte Tay-See zitternd.

»Zittere nicht so, schöne Rose vom Dong-Giang! Zweifellos hat der Wind die Klöppel bewegt.«

»Ach, José, alles, alles hat sich gegen uns verschworen.«

Der Spanier antwortete nicht darauf und trat stattdessen dicht vor die weiße Gestalt. Es war tatsächlich eine kolossale Statue aus Stein, welche *Ba-chua-ngoc* darstellte, eine jener Gottheiten, welche die Cochinchinesen verehrten. Im Schein eines Blitzes konnte man auf dem Altar mehrere Gongs erkennen.

»Du siehst, Tay-See«, sagte er, »dass uns weder Buddha noch die Seelen der Toten etwas anhaben können. Komm also, denn nur hier finden wir eine sichere Zuflucht vor Tay-Shungs Zorn. Wenn der Sturm aufgehört hat und der Weg frei ist, werden wir wie zwei verliebte Pfauen nach Süden ziehen und uns mit meinen Landsleuten vereinigen, welche an den Ufern des Tanbinch-giang lagern. Wie glücklich werde ich sein, dich in Sicherheit zu wissen und ohne Angst in die Arme nehmen und deine Lippen küssen zu können! Sagen wir diesen gefährlichen Orten hier ein letztes Mal ›Auf Wiedersehen‹ und segeln wir zu den Ufern der Freiheit!«

»Ja, ja, José!«, rief die junge Frau, vollständig außer sich.

»Wirst du also ohne Bedauern dieses verfluchte Land, dieses Land unseres Unglücks, aufgeben?«

»Ja, José, ich werde meine Heimat, das Land, in dem ich aufgewachsen bin, verlassen, ohne das zu bedauern!«, schluchzte sie.

»Weine nicht, mein Liebling«, rief der Spanier zärtlich. »Du verlässt zwar dieses schöne Ufer des Dong-Giang, doch in meiner Heimat wirst du den Guadiana vorfinden; du verlässt die duftenden Wälder des *Calambuc*, doch in meinem Land gibt es Orangenbäume und Jasmin.«

»Ich weine nicht, mein José, sondern folge dir, wohin du auch gehst, das schwöre ich vor dir und dieser Göttin hier, vor *Ba-chua-ngoc*.«

Die Lippen des Spaniers küssten ihr langes Haar, küssten die bleichen Wangen und die eiskalte Stirn.

»Tay-See, wie sehr ich dich liebe!«, rief er.

Plötzlich wurde er schrecklich bleich und wich entsetzt zurück. Die Augen hatte er zu Boden gesenkt und sein Körper zitterte.

»Großer Gott!«, entfuhr es ihm.

Tay-See stützte sich erschrocken an die Statue.

»José«, murmelte sie.

»Still, Tay-See, still.«

Unter all dem Sturmgetöse war deutlich ein langer Pfeifton – wie der einer *Pi* – herauszuhören.

»José«, rief die junge Frau. »Wer spielt die *Pi*?«

»Gott, o Gott! Hölle und Verdammnis, es ist die *Pi* von Tay-Shung!«

Nun konnte man draußen deutlich den eigentümlichen Pfeifton hören.

Jetzt gab es keinen Zweifel mehr: Tay-Shung hatte die Spuren der Fliehenden entdeckt und näherte sich mit all seinen Kriegern. José brüllte wütend; es war das Gebrüll eines Raubtieres.

»Oha!«, donnerte er, »bist du mir sogar hierher gefolgt? In Ordnung: Also kämpfen wir miteinander, aber ich werde dich töten.«

Entschlossen wollte er nach seinem Gewehr greifen, um in den Gang zu eilen und sich dort zu verteidigen. Doch Tay-See hielt sich verzweifelt an seiner Kleidung fest und flehte:

»Verlass' mich nicht, verlass' mich nicht!«

Er streifte ihre Arme ab und versuchte, sie zu beruhigen.

»Lass' mich, ich will nicht, dass Tay-Shung hier eindringt und dich umbringt. Ich bin stark und habe keine Angst, weder vor ihm noch vor seinen Leuten. Bitte, bleib hier. Ich schwöre dir: Solange ich lebe, wird dir kein Mensch ein Haar krümmen, das ginge nur über meine Leiche. Wenn du mit mir gehst, kann ich mich nicht verteidigen. Ich brauche dich nur anzuschauen und schon befällt mich das Fieber. Jede Büchse, die auf dich gerichtet wird, macht mir Angst, denn ihre Kugeln könnten die Rose vom Dong-Giang treffen …«

»Nein, José, lass' mich mit dir gehen. Wenn du stirbst, will ich mit dir sterben. Lass' mich nicht allein! Lass' mich nicht allein!«

Wieder hörte man draußen, diesmal aber schon viel näher, den Ton der Flöte.

»Es geht nicht, Tay-See«, sagte der Spanier. »Auf Wiedersehen! Falls ich nicht zurückkehren sollte, wenn mich doch der Tod ereilen sollte, dann wird mein letztes Wort, mein letzter Gedanke für dich bestimmt sein … Aber weshalb sollten wir vom Tod sprechen? Nein, ich werde nicht sterben … Mein Gott wird das nicht zulassen. Ich werde bald zurück sein, wenn ich sie vertrieben habe und wir … wir werden glücklich sein!«

Er verharrte noch kurz, wie träumend und unentschlossen, ob er sich nun von dieser Frau – die er vielleicht nie mehr wiedersehen würde – trennen sollte oder nicht. Dann aber drückte er sie nochmals fest an sich und gab ihr einen letzten Kuss auf die Lippen.

»Auf Wiedersehen! … Auf Wiedersehen!«, rief er, richtete sich mit flammenden Augen auf und fügte hinzu: »Und jetzt zu uns beiden, Tay-Shung!«

Als er sich wieder besser unter Kontrolle hatte, stürzte er – mit dem Gewehr bewaffnet – in den Gang hinein, während die arme Tay-See, kraftlos und aufs Äußerste verängstigt zu den Füßen *Ba-chua-ngocs* niedersank.

José hatte gerade hinter einer Säule Schutz gesucht, als er auch schon menschliche Stimmen vernahm. Er machte zwei Schritte nach vorne und entdeckte im bleifarbenen Schein eines Blitzes eine Gruppe von Pferden, in deren Sätteln Tay-Shungs Soldaten saßen.

Kurz danach erschienen einige Schatten im Eingang des Ganges.

»Wer ist da?«, rief der Spanier, nahm sein Gewehr und schulterte es.

Ein Gewehrschuss, der ins Leere ging, war die Antwort; dann kletterten fünfzehn bis zwanzig Männer durch die Ruinen und postierten sich direkt vor der Tür.

Der Erste, der den Gang betrat, erhielt einen Schuss des Spaniers direkt in die Brust. Er stieß einen fürchterlichen Schrei aus, schlug taumelnd mit den Händen in der Luft herum und fiel dann auf seine Gefährten, die sich sofort zurückzogen.

Nach zwei weiteren Schüssen, welchen tiefes Schweigen folgte, war die donnernde Stimme des Anführers zu vernehmen. Er versprach demjenigen, der die Flüchtlinge fangen und festnehmen würde, eine ganze Tasche voller *Sapeh*[1] als Belohnung.

Dann erschien er selbst am Eingang und schob sich langsam nach vorne, verbarg sich allerdings in den Trümmern, die überall den Boden bedeckten.

Die Soldaten hatten die Gewehre in den Händen, aber es sah so aus, als würden sie darauf warten, erst noch näher heranzukommen, bevor sie sich ihrer bedienten.

»Zurück oder ich töte dich!«, brüllte José, der sein Gewehr schnell wieder geladen hatte.

»Wir werden dich töten, du Frauenräuber«, gab Tay-Shung wütend zurück. »Auf, auf, meine Tapferen, vorwärts, habt keine Angst! Er ist allein, wir aber sind Fünfzig!«

Einige Gewehrschüsse ertönten, doch José hatte sich gut versteckt und antwortete mit einem zweiten Schuss. Seine Kugel streckte einen anderen Krieger Tay-Shungs nieder, der sich in dessen Nähe befunden hatte.

»Vorwärts, meine Tapferen!«, wiederholte der General.

Wieder drangen seine Leute mit wütendem Gebrüll und unter höllischem Gewehrfeuer, das allerdings mehr Krach machte, als Schaden anzurichten, durch die Ruinen.

Die um ihn herum abgefeuerten Kugeln konnten dem Spanier, der hinter den Säulen geschützt war, nichts anhaben; er antwortete mit gezielten Schüssen, um seine Angreifer in Schach zu halten.

Tay-Shung, offenbar unter einem guten Stern stehend, ging

[1] *Sapeh* oder *Sapeken* waren kleine Münzen mit viereckigen Löchern, durch die man eine Schnur steckte, um sie wie Ketten um den Hals zu tragen. Der Wert einer solchen Schnur entsprach einer italienischen Lira.

seinen Soldaten voran und brüllte dem Spanier zu, dass er sich ergeben solle; andernfalls – so drohte er – würde er den Tempel zerstören und in ein Ruinenfeld verwandeln. Er wagte sich jedoch nicht weiter vor, da er wohl wusste, dass die Kugeln seines Gegners in erster Linie für ihn viel eher als für jeden anderen gedacht waren.

Der ungleiche Kampf dauerte gut fünf Minuten, dann zogen sich die Soldaten, gefolgt von ihrem Anführer, auf einmal zurück und im Gang kehrte wieder Ruhe ein.

Lediglich von draußen waren noch die durchdringenden Töne der Flöte zu hören.

José, der erschöpft war und aus einer am Arm erlittenen Wunde blutete, war wegen Tay-Sees beunruhigt und eben dabei, sich in den Tempel zurückzuziehen, als er sie rufen hörte:

»Hilfe, José, Hilfe!«

»Das ist ihre Stimme!«, rief er und stürmte nach vorne. »Großer Gott!«

Im gleichen Augenblick tauchten am Ende des Ganges acht oder zehn Männer auf und begannen erneut zu feuern. José stellte sich ihnen nicht entgegen, noch versuchte er, ihnen den Weg zu versperren.

Vor Angst völlig außer sich, rannte er zurück zum Tempel und schrie:

»Ich bin hier, Tay-See … Ich bin hier!«

Aber statt dass er den Eingang geöffnet vorfand, war dieser verrammelt. Keuchend und völlig verstört schlug er mit dem Kolben seines Gewehres gewaltig auf ihn ein und hoffte, ihn einschlagen zu können.

»Macht auf, ihr verfluchten Kerle«, schrie er dabei. »Macht auf oder ich töte euch alle!«

Nun ertönte Tay-Shungs Stimme:

»Vorwärts!«

Der Spanier, halb verrückt vor Wut, wich schnell zurück, sah sich jedoch auch dort Angreifern gegenüber.

Die Cochinchinesen, welche freie Bahn hatten, waren mit Tay-Shung voran in den Gang gestürmt.

»Du Hund!«, rief der General und machte einen Sprung direkt auf José zu.

Der drehte sich – mit Schaum auf den Lippen – zu ihm um, doch er wurde von den Soldaten gewaltsam zu Boden gerissen und war anschließend nicht mehr in der Lage, sich zu wehren.

»O meine Tay-See!«, schrie er verzweifelt.

»Habe ich dich endlich!«, rief Tay-Shung und beugte sich kurz zu ihm nieder. »So schnell sehen wir uns also wieder!«

Dann wandte er sich von dem Gefangenen ab, den seine Leute sogleich sorgfältig und grausam fesselten, und betrat den Tempel, in den einige seiner Krieger durch eine Öffnung im Dach eingedrungen waren, um auch die ohnmächtige Tay-See zu ergreifen.

Als Tay-Shung, der noch vor wenigen Augenblicken so schrecklich in seinem Zorn gewütet hatte, sie wiedersah, klopfte sein Herz wie rasend. Er schwankte wie ein Betrunkener und spürte einen gewaltigen Kloß im Hals.

Auf ein Zeichen von ihm legten die Männer *Ba-chua-ngoc* die unglückliche Frau zu Füßen und ließen die beiden dann allein, ohne etwas zu sagen. Nun ließ sich Tay-Shung neben ihr niedersinken, raufte sich die Haare und weinte vor Wut und Schmerz.

»Was habe ich dir getan, dass du mich auf diese schmähliche Weise verlassen hast? Habe ich dich nicht immer geliebt? War ich vielleicht nicht immer dein Sklave? Und du hast mich verraten! Ich hatte geglaubt, glücklich zu sein! Du hast mich verlassen, dabei hätte ich meine letzten Blutstropfen für dich vergossen! Für dich wäre ich imstande gewesen, die Welt aus den Angeln zu heben. Für dich hätte ich die Religion meiner Väter, mein Vaterland und meinen König aufgegeben … Und jetzt ist alles aus! Das Glück, auf das ich hoffte, und um das mich alle beneideten, ist jetzt für immer zerbrochen; in meinem Herzen ist nur noch Platz für Eifersucht …«

Ein schrecklicher Schrei entrang sich der Brust des alten Kriegers und er erhob sich wieder.

»Und du bist vor mir geflohen«, fuhr er fort, »du hast mich

wegen eines Mannes verlassen, der einer anderen Rasse angehört, wegen eines Ausländers, eines Feindes! … Oh, Rache! … Ich will Rache!«

Ein Tränenausbruch erstickte seine Stimme. Mit hervorquellenden Augen und geballten Fäusten stand er da; er war außer sich vor Wut und Verzweiflung, fasste sich aber wieder.

Tay-See hatte sich langsam aufgerichtet und sah ihn mit Tränen in den Augen an.

»José«, murmelte sie. »Wo bist du, José?«

Tay-Shung war es, als habe man ihm einen Schlag auf den Schädel versetzt und blutrote Schleier schoben sich vor seine Augen. Er packte die Ehebrecherin an den Armen, schüttelte sie wütend, blind vor Zorn, aber auch vor Liebe, presste sie an seine Brust, küsste sie leidenschaftlich, schob sie dann von sich und an die Seite der Statue der Göttin.

»Du Unglückselige«, schrie er mit überkippender Stimme. »Und du rufst noch nach ihm!«

Tay-See wagte nicht zu antworten. Entsetzt, bleich und niedergeschlagen starrte sie ihn wie betäubt mit glasigen Augen an, so, als habe sie nichts von alldem begriffen, was um sie herum geschehen war.

»Aber Tay-Shung dürstet nach Blut«, fuhr der General jetzt hasserfüllt fort. »Ach, du hast noch nach ihm gerufen! Sei's drum! Nun werde ich dich ebenfalls meiner Rache opfern. Und ich habe diesen Mann noch aus dem Wasser des Dong-Giang retten lassen! Besser hätte ich damals beide Hände verloren! Aber sag' mir doch, du elende Kreatur, warum du mich verlassen hast? Habe ich dich denn nicht immer geliebt und respektiert? Habe ich dir nicht alle deine Wünsche erfüllt und deine Launen befriedigt? Bin ich nicht immer anständig und lieb zu dir gewesen? Und diese Frau, die ich noch bis vor wenigen Stunden wie eine Göttin verehrt und für absolut rein gehalten habe, verließ mich niederträchtig mit einem anderen Mann, einem Sohn jener Rasse, die ich hasse und am liebsten ausgerottet sähe …«

Er verbarg sein Gesicht in den Händen und einige Zeit lang

hörte man ihn weinen wie ein Kind. Tay-See wagte nicht, ein Wort zu sagen, ja, sie traute sich nicht einmal, ihn anzusehen.

Apathisch in ihrem Schmerz war sie unempfindlich gegen alles um sie herum geworden; sie sehnte sich nun nur noch nach einem schnellen Tod. Niedergeschlagen erwartete sie ihre Strafe und war überzeugt davon, dass ihr geliebter José bereits ins Grab vorangegangen sei.

»Aber hast du denn das Herz eines Tigers?«, schrie Tay-Shung und schüttelte sie wild. »Warum fühlst du denn für mich gar nichts? Tay-See! … Tay-See!«

»Lass' mich, Tay-Shung … Alles ist aus«, flüsterte die unglückliche Frau.

»Nein, nein!«, schrie der General. »Es stimmt nicht, dass alles vorbei ist; das ist nicht wahr! Sag mir, dass du diesen Weißen verabscheust, sag mir, dass er dich gezwungen hat. Ja, so war es: Er hat dich mit Gewalt aus deinem Zimmer entführt, ja, ja, ich lese es in deinen Augen. Stimmt es, dass du mich liebst? Stimmt es, dass du mich nicht verachtest? Tay-See, ich liebe dich noch immer, ich werde noch immer dein Sklave sein und dich noch mehr als Buddha verehren. Ich werde mich all deinen Launen unterwerfen, verzeihe dir alles, Tay-See, alles, alles! Sag' mir, dass du mich liebst und ich werde auf die Knie vor dir fallen!«

Der Krieger, der so redete, war völlig verändert: Die Leidenschaft hatte sich gegenüber dem Zorn durchgesetzt, der noch vor Kurzem in seinem Herzen getobt hatte. Seine Hände griffen zärtlich nach der Frau, die vor ihm geflohen war, und seine brennenden Lippen pressten sich ungestüm auf die eisigen Tay-Sees.

»Ich werde dich weit weg von diesem Ort bringen«, fügte er mit einer Stimme hinzu, die keinen Widerstand duldete. »Ich werde dich in meine Berge bringen, weit weg, und kein Mensch wird je wissen, was geschehen ist. Ich werde mit dir allein in den großen Wäldern des Dong-Giang leben, werde dich tausendfach umsorgen, dir dienen, sogar auf den Knien, wenn du das möchtest. Kein Mensch wird je erfahren, was du in jenem Augenblick der Verirrung getan hast. Tay-See, sag mir, dass du mich liebst, sag es mir und ich werde dich retten, dich anbeten, dich glücklich machen!«

Tay-See antwortete nicht, sondern sah ihn mit ausdruckslosen Augen an; sie war unempfindlich gegen diese Worte der Liebe, diese Küsse, diese Umarmungen.

»Liebst du mich gar nicht mehr?«, schrie Tay-Shung. »Tay-See! … Tay-See!«

»Ich kann nicht«, stammelte sie schließlich. »Ich kann nicht, es ist unmöglich … Töte mich, denn ich werde dich nie lieben können.«

»Ehebrecherin«, brüllte der Mann. »Du Unglückselige! … Du Unglückselige!«

Schaum stand ihm auf den Lippen, die Augen waren blutunterlaufen, er zitterte, schüttelte sich wie im Fieber. Dann zerrte er an ihren Haaren, schüttelte sie wütend und stieß ihren Kopf heftig an die Wände.

»Oh, die Rache! … Die Rache!«, stieß er voller Qual und wie von Sinnen hervor. »Dann mag der Tod kommen …«

7. Kapitel
Das Kanonenboot

Für Tay-See war alles vorbei; ihre Strafe würde entsetzlich sein, denn die Gesetze Cochinchinas sahen bei Ehebruch die Todesstrafe vor. Noch schwerer wog allerdings der Vorwurf, dass sie geholfen hatte, einen zum Tode verurteilten Kriegsgefangenen zu befreien und anschließend mit diesem Feind des Vaterlandes geflohen war.

Kein Mensch hätte jetzt noch gewagt, sie zu retten, ohne sich dadurch selbst zum Verräter zu machen, am allerwenigsten Tay-Shung, ein General des annamitischen Heeres und der Herr des Lebens seiner Frau. Er, der sie im Grunde seines Herzens bis zur Raserei liebte, hätte sich einen solch krassen Verstoß gegen die Gesetze seines Landes, der die gesamte Bevölkerung von Bien-hoa gegen ihn aufgebracht hätte, keinesfalls erlaubt.

Kaum waren die Flüchtlinge in die Zitadelle gebracht worden, wo man sie unverzüglich in das Gefängnis gesteckt hatte, das unter Bewachung einer auserlesenen Truppe von treuen und unbestechlichen Männern stand, ließ der Gouverneur alle Alten versammeln, um über das Schicksal der Gefangenen zu entscheiden.

Das Urteil war schnell gesprochen. Beide sollten bei Tagesanbruch von einem Elefanten, einem furchtbaren Henker, gerichtet werden, der den Gefangenen mit seinen mächtigen Beinen den Kopf zertrampeln sollte.

Als Tay-Shung von dem schrecklichen Spruch erfuhr, der die Rose vom Dong-Giang zum Tod verurteilte, glaubte er, verrückt zu werden. Er kehrte in sein Heim zurück, um dort wie ein Mann, dem man Hiebe auf den Schädel versetzt hat, umher zu schwanken. Ca Bong war ihm gefolgt.

Ein jammervolles, ersticktes Schluchzen entrang sich der Kehle des Generals und seine Brust hob und senkte sich heftig. Von Zeit zu Zeit rann ihm eine Träne über die Wangen, die er dann mit ärgerlicher Geste wegwischte.

»Warum weinst du?«, fragte ihn Ca Bong, der ihm gegenübersaß.

»Warum? … Warum? Frage mich nicht, Ca Bong«, antwortete Tay-Shung. »O Buddha! Buddha, lass' mich sterben, denn für mich ist alles zu Ende …«

»Armer Tay-Shung, mein armer Freund!«

Er stand auf, holte ein halbes Dutzend Flaschen *Ruôn-manch*, jenes Getränks, das selbst die stärksten Männer betrunken macht, und füllte zwei Becher.

»Trink, Tay-Shung«, sagte er dann. »Ein Rausch bringt Vergessen.«

Tay-Shung betrachtete ihn zitternd, dann ergriff er wie ein Irrsinniger den Becher und leerte ihn bis auf den letzten Tropfen. Dreimal füllte er ihn nach und dreimal trank er ihn wieder leer.

»Nein, ich kann sie nicht vergessen!«, rief er verzweifelt und zertrümmerte den Becher. »Sie ist hier drin in meinem Herzen, das brennt und mich auffrisst. Warum, Buddha, warum kann ich diese Frau nicht vergessen? Ja, Tay-See, ja, ich liebe dich noch immer ... Ich liebe dich noch! Ich liebe dich noch immer.«

Die Tränen rannen ihm nun ungebremst über das Gesicht. Er nahm seinen Kopf in die Hände und schluchzte hemmungslos.

»Ruhig, Tay-Shung«, sagte Ca Bong. »Versuche, stark zu sein.«

»Stark! ... Stark!«, rief der General zornig. »Bin ich nicht stark gewesen? Habe ich sie nicht dorthin geschleppt? Habe ich sie nicht in den Untergang gerissen? Wie unglückselig bin ich!«

»Du musst das, was du getan hast, nicht bedauern, Tay-Shung!«

»Warum muss ich das nicht? Doch, ich bedauere es zutiefst und würde gern den Urteilsspruch der Richter aufheben, würde gern ein Urteil rückgängig machen, das drei Leben zerstört.«

»Das wäre eine Schande.«

»Was bedeutet mir das schon?«

»Diese Frau war eine Ehebrecherin ...«

Tay-Shung schaute ihn drohend an.

»Schweig! Schweig!«, rief er dann erstickt. »Ich wäre imstande, dich zu töten, wenn du das wiederholen solltest.«

Er stand auf und lief im Zimmer herum, winselnd wie ein Raubtier, riss sich seine Kleider vom Leib, weinte und fluchte unentwegt. Dann setzte er sich wieder hin und fing erneut an zu trinken, als ob er sich bis zur Besinnungslosigkeit berauschen wollte.

»Lass' mich trinken, lass' mich trinken«, röchelte er und leerte einen Becher nach dem anderen. »Ich möchte ewig schlafen, um nie mehr aufzuwachen.«

Er kippte noch mehrere Becher hinab, dann hörte er abrupt auf.

»Wozu trinke ich, wenn ich sie doch nicht vergessen kann?«, fragte er. »Wozu trinke ich, wenn ich morgen tot sein werde?«

»Aber warum sprichst du vom Sterben, Tay-Shung? Du bist verrückt«, rief Ca Bong.

»Verrückt! … Verrückt! Weißt du, wie sehr ich in diesem Augenblick leide? Weißt du, was für Qualen ich erdulde? Ca Bong, ich bin der unglücklichste Mensch auf dieser abscheulichen Erde! Ich liebe sie noch, Ca Bong, ich liebe diese Frau noch und mir blutet das Herz, wenn ich daran denke, dass sie morgen sterben muss. Ach, warum habe ich sie damals in Saigon gesehen? Warum habe ich sie geliebt und zu der Meinen gemacht? Wäre sie doch nie geboren worden oder hätte ich sie doch nie gesehen! Weißt du nicht, Ca Bong, was es bedeutet, die Rose vom Dong-Giang bis zum Wahnsinn zu lieben? Was werde ich tun, wenn sie tot ist? Was soll ich nur tun, wenn ich in mein Haus komme und sie nicht mehr da ist? Was mache ich, wenn ich nach ihr rufe und sie nicht antworten wird?«

Er blieb keuchend und erschrocken stehen und bemühte sich aufs Äußerste, nicht zu weinen.

»Wenn diese Frau mich um mein Leben gebeten hätte«, fuhr er fort, »so hätte ich es – ohne zu zögern – für sie hingegeben. Hätte sie von mir einen Thron verlangt, so hätte ich ihr Tu-Duc und ganz Cochinchina überlassen. Und morgen wird diese Frau, die ich wie eine Göttin verehrt habe, sterben! … Ich werde nie mehr ihr melancholisches Gesicht sehen, das mir das Feuer in die Adern trieb; ich werde nie mehr ihre schönen Augen sehen, die heller als die Sterne leuchteten, werde sie nie mehr in den Armen halten, jenen Körper, der mir gehören sollte, und nie mehr meine Lippen auf die ihren pressen können. Ich werde nie mehr ihre Stimme hören, die wie das Zwitschern eines Vogels erklang und mich so glücklich gemacht hat, dass ich meine Ruhe gefunden habe. Ich werde nie mehr, nie mehr ihre *Pi* hören, welche sie so köstlich in den Wäldern des Dong-Giang gespielt hat, jene *Pi*, die so wundervoll klang … Und alles, das Haus, die Flussufer, die Wälder, all das wird schweigen, alles wird wie tot sein. Sag' mir, Ca Bong, wie ich da noch leben kann, sag' es mir! … Ich werde sterben, ja, sterben, werde ins Grab sinken, zusammen mit ihr – in der Hoffnung, sie dereinst in Buddhas Nirwana wiederzusehen.«

»Denkst du nicht daran, dass sich unser Land in großer Gefahr befindet? Und weißt du nicht, dass es deines starken Arms bedarf, um es zu verteidigen?«

»Unser Land …, die Heimat … Sie war meine Heimat, sie war mein König, sie war mein Gott … Was bleibt davon übrig? Ich werde dieser Frau ins Grab folgen, unsere Knochen werden sich miteinander vermischen und …«

Er schwieg plötzlich und lauschte angespannt. In der Ferne hörte man ein dumpfes Hämmern und von Zeit zu Zeit ein gewaltiges Trompeten. Tay-Shung stieß einen Schrei aus, eine fürchterliche Aufregung bemächtigte sich seiner.

»Der Zwinger!«, stammelte er. »Jetzt wird der Zwinger für die Hinrichtung errichtet … Ich habe das Trompeten des Elefanten gehört, der die Rose vom Dong-Giang zertrampeln wird. O Ca Bong, Ca Bong, ich kann das nicht zulassen … Ich kann es nicht …«

Er erhob sich mit flammenden Augen, packte Ca Bong an der Hand und zerrte ihn zur Tür.

»Komm! … Komm!«, rief er mit erstickter Stimme. »In einer halben Stunde wird es Tag.«

Damit zog er den Freund mit sich und schlug den Weg zum Fluss ein, wo Tay-See gestanden hatte, um in die Strömung zu starren.

Ca Bong befürchtete, dass Tay-Shung Selbstmord begehen wolle.

»Was hast du vor, Unglücklicher?«, fragte er und versuchte, ihn zurückzuziehen.

»Das war der Ort, an dem sie nachts gesessen hat …«, entgegnete der General.

Er setzte seinen Weg, der ihn nun in den Wald führte, fort. Dann blieb er unter den ersten Bäumen stehen.

»Hörst du etwas?«, fragte er und beugte sich nach vorn. »Hier ist alles still. Wenn sie stirbt, wird auch dieser Wald, in dem ihre unvergleichliche Stimme erklang und wo sie die *Pi* so wundervoll blies, für immer schweigen.«

»Aber du bist doch verrückt, mein Freund«, versetzte Ca Bong.

Statt zu antworten, ging Tay-Shung weiter und schlug die Richtung zur Zitadelle ein. Als Ca Bong begriff, wohin er ihn führte, hielt er ihn an und ergriff ihn an den Armen.

»Was willst du, Tay-Shung?«, fragte er erneut.

»Es ist notwendig, dass ich sie ein letztes Mal sehe und dass ich, wenn auch nur für einen Augenblick, ihre Stimme höre. Vielleicht gibt es ja noch eine Hoffnung für mich: Komm oder es wird zu spät sein!«

»Nein! Du darfst nicht vergessen, dass diese Frau mit einem Feind unseres Vaterlandes geflohen ist.«

»Ich weiß, was ich tue«, antwortete Tay-Shung. »Keiner wird mehr von mir und auch nicht von der Rose vom Dong-Giang sprechen …«

»Tay-Shung! … Tay-Shung!«

»Schweig! … Schweig! Ich werde nicht weit weggehen, werde in meine Berge zurückkehren, dort hinauf in den Norden und du wirst meinen Posten hier in Bien-hoa einnehmen. Alle werden mich für tot halten und keiner außer dir wird jemals erfahren, wo ich die Rose vom Dong-Giang versteckt habe.«

»Aber das ist eine Schande für dich und du zerstörst dir selbst deine glänzende Zukunft.«

»Ich entehre mich nicht. Aber selbst wenn? Was würde das für mich schon bedeuten? Ohne sie könnte ich sowieso nicht leben.«

Inzwischen waren sie vor einer großen Hütte angekommen, vor deren Tür zehn mit Gewehren bewaffnete Krieger lagerten.

»Hör auf, Tay-Shung«, sagte Ca Bong und packte ihn an den Händen.

»Lass' mich, lass' mich«, entgegnete der General, schob den Freund mit Gewalt weg und trat über die Schwelle. Wang, der Gefängniswärter, trat mit einer Laterne auf ihn zu.

»Sie, General?«, fragte er erstaunt.

»Still«, gebot Tay-Shung mit erstickter Stimme. »Was macht Tay-See?«

»Sie schläft.«

Mehr wollte er nicht wissen. Er nahm eine Laterne, trat in einen niedrigen Gang aus Bambus und hielt vor einer Matte an, welche eine Tür verdeckte. Hier zögerte er – etwas ängstlich, wie es schien –, trat zweimal zurück, fühlte wohl so etwas wie Reue, schlug dann die Matte zurück und trat auf Zehenspitzen ein.

Dort lag – in der Mitte eines feuchten Raumes – auf einem Lager aus *Nipa*-Blättern[1] Tay-See, vollkommen unbeweglich und das Gesicht in den Händen verborgen.

Tay-Shung näherte sich ihr schwankend wie ein Betrunkener, beugte sich zu ihr hinab und streckte seine Hände nach ihr aus. Doch ein Schwindelanfall zwang ihn, sich an die Wand zu lehnen.

»Ich zittere«, murmelte er, »was tue ich da? Diese Frau hat mich betrogen … Wenn ich sie nun sterben lasse? Und danach? Was geschieht mit mir, wenn ich sie sterben lasse?«

Plötzlich sprang er auf Tay-See zu, packte sie an den Handgelenken und zog sie hoch an seine Brust.

»Komm, Tay-See, komm!«, murmelte er.

Die Unglückliche, die so abrupt geweckt worden war, machte eine Bewegung, die aussah, als ob sie fliehen wolle.

»Wer sind Sie? … Wer sind Sie?«, fragte sie, heftig erschrocken. »Oh, nein, nein, töten Sie mich nicht!«

»Ich bin's, Tay-Shung, der gekommen ist, dich zu retten. Beeile dich oder es wird zu spät sein.«

Bei diesen Worten stieß sie einen Schrei aus.

»Du hier?«, rief sie. »Was willst du?«

»Ich komme, um dich zu retten, Tay-See«, rief der General ungeduldig. »Komm! … Komm!«

»Was willst du? Nein, lass' mich sterben! Ich bin dem Tod geweiht.«

[1] *Nipa*-Palmen sind in Südostasien beheimatet. Sie bilden nur wenige, dafür aber sehr große Blätter.

»Aber ich will nicht, dass du stirbst, ich will es nicht. Ich spüre, Rose vom Dong-Giang, dass ich meine glänzende Zukunft zerstöre, meine gefährdete Heimat verlasse, Schmach auf mich lade und für alle sterben werde – außer für dich. Komm, Tay-See, komm! Ich habe dir alles verziehen.«

»Nein, nein!«, rief sie verzweifelt. »Lass' mich sterben, Tay-Shung! Ich bin es leid, gegen mein Schicksal zu kämpfen, das mich unerbittlich verfolgt, ich habe es satt, zu leben … Ich kann dich nicht lieben, es tut mir leid. Selbst wenn ich es wollte, könnte ich es nicht: Mein Herz würde sich dagegen auflehnen. Lass' mich einfach sterben, er wird ja auch sterben.«

»Er, immer nur er! Wieder dieser verfluchte Kerl!«, schrie Tay-Shung und zitterte vor Zorn. »Liebst du ihn denn noch immer?«

Tay-See antwortete nicht und schloss die Augen. Mit ihren Händen drückte sie stark auf ihre Brust, als wolle sie das heftige Klopfen ihres Herzens beenden.

»Es tut mir leid, Rose vom Dong-Giang«, sagte er nun in verändertem Ton, »es tut mir leid, du Unglückselige! Du liebst ihn, du möchtest ihn retten. Also pass auf: Wenn du mir sagst, dass du ihn nicht mehr liebst, werde ich ihm zur Flucht verhelfen.«

Tay-See öffnete die Augen wieder und sah ihn bewegt an.

»Ich werde ihn von Bien-hoa wegbringen, ihm ein Pferd verschaffen und ihn zu seinen Landsleuten zurückkehren lassen … Aber wehe ihm, falls er wieder hierher kommen sollte! Ich wäre imstande, ihn mit meinen Zähnen zu zerreißen.«

Tay-See senkte traurig den Kopf und sagte nichts.

»Nun?«, fragte der General lauernd, aber mit spürbarer Angst.

»Lass' mich sterben!«, murmelte sie erneut. »Es wäre alles umsonst, denn er würde seine Freiheit nicht zu einem solchen Preis wollen. Er liebt mich zu sehr!«

»Aha! Dann kann euch nicht einmal der Tod trennen?«

»Nein!«

»Dann töte ich dich! …«

Er zog seinen Krummsäbel aus der Scheide und stürzte zu ihr hin.

»Töte mich!«, rief Tay-See und ließ sich auf die Knie fallen. »Ich werde ihn im Himmel wiedersehen!«

»Aber vorher folge ich dir ins Grab, um dich auch dort zu quälen«, rief Tay-Shung.

Er wollte schon zuschlagen, als von draußen der Gong zu hören war. Die Waffe entglitt seiner Faust.

»Es ist Tag … Der Tag ist angebrochen«, murmelte er erschrocken.

Er warf sich auf die Unglückliche, packte sie an den Armen und riss sie hoch.

»Es ist Tag! … Es ist Tag, Tay-See!«, rief er. »Komm mit, bevor sie hier auftauchen. Ich vergebe dir alles, ich werde dich glücklich machen, komm, Tay-See, komm!«

Die unglückliche Frau wehrte sich verzweifelt, mit ihm zu fliehen.

»Lass' mich«, schrie sie, »lass' mich, ich will nicht mehr leben.«

»Nein, ich werde dich mit mir nehmen, auch wenn ich eigentlich nicht will.«

Er umfasste sie an der Hüfte und zerrte sie zur Tür. Tay-See stieß einen verzweifelten Schrei aus.

»Hilfe! … Hilfe!«

Tay-Shung heulte auf wie ein Tiger.

»Mich dürstet nach Blut«, brüllte er. »Komm, du Verfluchte, komm, denn ich will dich und deinen Spanier sterben sehen. Jetzt hasse ich dich, verabscheue ich dich, verfluche ich dich!«

In diesem Augenblick zerrten die Krieger den gefesselten José herein. Als er Tay-Shungs Stimme hörte und Tay-See in seinen Armen sah, spürte er, wie ihm das Blut zu Kopf stieg.

Mit einem überraschenden Ruck riss er die Männer, die ihn führten, mit sich, um mit gesenktem Kopf auf Tay-Shung loszustürmen, der seinen Säbel wieder eingesteckt hatte. Ca Bong und seine Männer warfen sich sofort auf ihn.

»Du elender Kerl!«, schrie der Spanier.

Tay-Shung trat auf ihn zu.

»Ich möchte dich mit ihr sterben sehen«, sagte er. »Und wenn ihr tot seid, wenn der Elefant euch zermalmt hat, werde ich um euch herumtanzen und wie ein böser Geist lachen. In den Zwinger mit euch! … In den Zwinger!«

Die Soldaten packten José bei den Handgelenken und zerrten ihn trotz seines verzweifelten Widerstandes mit sich. Ca Bong folgte ihnen; in den Armen trug er Tay-See, die kein Lebenszeichen mehr von sich gab.

Der Morgen war traurig, der Himmel grau, düster und wolkenverhangen. Dünner, feiner Regen fiel auf die engen Gassen rund um die Zitadelle, während ein kalter Wind von den Bergen im Norden her die großen Blätter von den Bäumen fegte und die Fahnen der Türme und Terrassen flattern ließ, was ein schauriges Geräusch erzeugte.

Ein stattlicher Zug, großteils aus Kriegern und Reitern bestehend, kam nun aus der Zitadelle und bewegte sich auf den Zwinger zu, der inmitten einer freien Fläche errichtet worden war.

Aus der Umgebung war eine große Schar Schaulustiger zusammengeströmt: Alt und Jung, Kinder und Frauen, die gesamte Bevölkerung von Bien-hoa schien dem Spektakel beiwohnen zu wollen.

Lautes Gemurmel, vergleichbar mit dem Rauschen des Meeres in der Ferne, erhob sich, als die Gefangenen hergebracht wurden. Als José bemerkte, dass alle Augen auf ihn gerichtet waren, hob er wild und trotzig den Kopf.

»Aha«, rief er bitter, »ihr wollt also mein Blut fließen sehen. Dann will ich euch zeigen, wie ein Spanier zu sterben weiß …«

Er hielt inne und wurde blass wie der Tod.

»Tay-See«, murmelte er entsetzt.

»Hier ist deine Geliebte«, rief eine kalte Stimme.

José drehte sich um und erblickte nur wenige Schritte neben sich Tay-Shung.

»Sei verflucht«, schrie der Spanier und richtete die geballte Faust auf ihn. »Sei verflucht! Der Geist Tay-Sees komme über dich; er soll dich bis ins Grab hinein verfolgen und quälen.«

Tay-Shung schwieg. Mit langsamen, schweren Schritten wich er zurück, zitternd, bleich, verstört. Dann ließ er sich kraftlos auf die Matte an seinem Platz fallen. Ein Schwall Blutes quoll ihm von den Lippen, auf die er sich gebissen hatte.

Das Schlagen des Gongs unterbrach das Gemurmel der Menge. José wurde in den Zwinger gezerrt, dann warf man Tay-See neben ihn, die noch immer nicht zu sich gekommen war.

Er bückte sich zu seiner Geliebten hinab und küsste sie auf die Lippen, die so kalt waren wie die einer Leiche. Ein Schluchzen zerriss seine Brust.

»Gott! O Gott!«, rief er mit gebrochener Stimme. »Es gibt keine Hoffnung mehr! … Mut, Tay-See, im Grab werden wir das Glück finden, das uns dein und mein Gott hier verweigert hat!«

Er stand auf und dabei fiel sein Blick auf einen riesigen Elefanten, der ungestüm trompetete und seinen gewaltigen Rüssel schüttelte.

Als er das riesige Tier betrachtete, schwand all sein Mut und er bekam nun doch Angst.

»Nein! Nein!«, rief er. »Ich will nicht sterben!«

Verstört schaute er um sich.

»Habt doch Mitleid mit ihr! Habt Mitleid mit der Rose vom Dong-Giang! Rettet sie … Rettet sie!«

Doch tausend Arme reckten sich ihm drohend entgegen und tausend Schreie übertönten seine Stimme.

»Tod der Ehebrecherin!«

»Tod dem Weißen!«

»Tod den Feinden unserer Heimat!«

Der Unglückliche hob die Arme in die Richtung nach Tay-Shung, der sich auf seine Matte hatte sinken lassen.

»Tay-Shung!«, schrie er verzweifelt. »Rette sie!«

Der General öffnete die Lippen, wie um etwas zu sagen,

doch er brachte keinen Ton heraus. Die Menge, die immer bedrohlicher wirkte, schrie lauter und zorniger:

»Tod der Ehebrecherin!«

»Tod dem Weißen!«

»Tod den Feinden unserer Heimat!«

Aus Verzweiflung versuchte José das Unmögliche: Er nahm Tay-See auf den Arm und rannte auf die Krieger zu, um durch ihre Reihen hindurchzubrechen und in der Verwirrung vielleicht zu fliehen, doch er stürzte.

Zwei *Kemays* ergriffen ihn und hielten ihn fest, bis der *Quan-an* das endgültige Urteil verlesen hatte.

Erst ein zweiter Gongschlag brachte die Menge zum Schweigen und zwang die Soldaten, zurückzutreten.

José, der sich jetzt frei fühlte, schleppte sich neben Tay-See, die hilflos im Sand lag.

»Schau mich ein letztes Mal an, mein Liebling!«, bat er sie mit herzzerreißender Stimme.

Ein machtvoller Trompetenstoß war die einzige Antwort, die er erhielt. Der Elefant stand neben ihm und schwenkte drohend seinen Rüssel. Er war bereit, anzugreifen und ihn zu zermalmen.

Jetzt schien alles zu Ende zu sein. In wenigen Augenblicken würde von den beiden Unglücklichen nichts weiter übrig sein als eine formlose Masse blutigen Fleisches.

Da waren mit einem Mal von draußen her wilde Schreie zu hören; kurz darauf ertönte Gewehrfeuer. Die Zuschauer sprangen auf, während angstvolle Schreie erklangen:

»Der Feind! Der Feind!«

Es erklangen Hörner, europäische Hörner, und kurz danach brach – nachdem sie die Palisaden überwunden hatte – eine große Schar spanischer Soldaten in den Zwinger. Sie eröffnete sofort heftiges Gewehrfeuer auf die Zuschauer.

Eine unbeschreibliche Verwirrung breitete sich aus. Männer, Frauen und Kinder waren schier entsetzt wegen des unerwarteten Eindringens des Feindes – hatten sie ihn doch weit entfernt an den Ufern des Tan-binch-giang vermutet. Daher

Nun brach sich ein Cochinchinese freie Bahn unter den Soldaten und ließ den Elefanten wegtreiben.

flüchteten sie nun Hals über Kopf, indem sie über die Palisaden sprangen, sich gegenseitig behindernd und die Luft mit Geschrei erfüllend.

Tay-Shung, verrückt vor Wut, sprang – die Gefahr nicht achtend – wie ein Tiger mitten zwischen die Fliehenden. Gefolgt von wenigen Getreuen wandte er sich gegen die Spanier, die auf José und Tay-See zuliefen.

»Feuer!«, gebot eine Stimme.

Eine gezielte Salve erfolgte aus den spanischen Rohren: Tay-

Shung und einige seiner Krieger, die von den Kugeln der Feinde getroffen wurden, stürzten blutüberströmt in den Sand, die anderen flohen überstürzt mit der Menge.

Nun brach sich ein Cochinchinese Bahn unter den Soldaten, ließ den Elefanten wegtreiben und eilte dann zu José, dem er schnellstmöglich die Fesseln löse.

»Thay-Mit!«, rief der Spanier überglücklich und sprang auf die Füße.

»Ja, ich bin es!«, entgegnete der Cochinchinese. »Als ich mit Kia flüchtete, habe ich gesehen, wie Gefangene nach Bien-hoa transportiert wurden, und malte mir aus, was für ein Schicksal dich erwartete. Ich habe deine Landsleute sofort um Hilfe gebeten und bin glücklich, dich gerettet zu haben.«

»Danke, Thay-Mit!«

José drehte sich um und hob Tay-See hoch, die nun wieder zu sich gekommen war.

»Liebling, wir sind gerettet!«, rief er und drückte sie wie wahnsinnig an seine Brust.

»José! … José!«, stammelte sie.

Der spanische Offizier, der Anführer der Truppe, trat zu ihnen.

»García!«, rief José.

»Ja, dein Freund García freut sich sehr, dass er dich retten konnte«, entgegnete der Offizier. »Beeilen wir uns: Das Kanonenboot, das uns hierher gebracht hat, wird bald weiterfahren. Wir sollten nicht darauf warten, dass sich die Cochinchinesen wieder sammeln, um erneut über uns herzufallen.«

»Komm, Tay-See, komm!«, rief José und nahm die Geliebte in die Arme.

»Und Tay-Shung?«, fragte sie.

»Ich glaube, er ist tot.«

»Tot? … Tot! Lass' mich nur noch ein einziges Mal nach dem Unglücklichen sehen, dessen einziger Fehler war, dass er mich zu sehr geliebt hat …«

In diesem Augenblick trat Thay-Mit wieder näher.

»Tay-See«, sagte er zitternd. »Dieser Mann ist noch nicht tot. Er möchte dich sehen, bevor er sein Leben aushaucht.«

»Er lebt!«, rief sie. »Ach, José, komm, ich möchte ihn noch einmal sehen.«

Und sie zog den Spanier mit sich zu einer Gruppe von Soldaten, in deren Mitte der Unglückliche lag. Gestützt von dem treuen Ca Bong, röchelte er schrecklich. Zwei Kugeln hatten ihn tödlich getroffen; sie waren ihm direkt in die Brust gedrungen.

Tay-See kniete sich neben ihn und murmelte immer wieder:

»Verzeih! … Verzeih mir!«

Als der Todgeweihte sie sah, erbebte er und versuchte mit großer Mühe, ihre Hände zu ergreifen.

»Tay-See«, murmelte er mit brechender Stimme. »Lass' dich ein letztes Mal anschauen … so sterbe ich glücklich, obwohl du … mich niemals lieben konntest …«

»Verzeih mir, Tay-Shung, verzeih!«, wiederholte sie schluchzend.

»Ja, meine Rose vom Dong-Giang, ich vergebe dir … Du hast genug gelitten …«

Er versuchte, sich aufzurichten und reichte seine Hand José, der sie bewegt drückte.

»Du wirst sie glücklich machen«, flüsterte er. »Buddha soll über euch wachen … und wenn ihr zusammen seid … weit weg von hier … in den Ländern des Westens …, dann vergesst … den unglücklichen Tay-Shung nicht …«

Er legte Tay-See die Arme um den Hals, sah sie lange an, presste seine Lippen auf die ihrigen, dann stürzte er auf den Boden.

Er war tot.

Fünfzehn Tage später, während König Tu-Duc einen Friedensvertrag unterzeichnete, wobei er Frankreich den gesamten unteren Teil von Cochinchina überließ, verließ ein spanisches Schiff Saigon, um in die azurblauen Fluten des Indischen Ozeans hinaus zu segeln. Dieses Schiff brachte zwei glückliche Paare nach Europa: nämlich José und Tay-See und Thay-Mit und Kia.

Taschenschmöker aus Vergangenheit und Gegenwart

Neu und wieder aufgelegt

Berlin 2015

Der Korsar vom Roten Fluss

Eine Erzählung aus Cochinchina von

Emilio Salgari

Aus dem Italienischen von Gerd Frank

Edition Dornbrunnen

Taschenschmöker aus Vergangenheit und Gegenwart

Deutscher Text nach der Originalausgabe

Übersetzung aus dem Italienischen von Gerd Frank
(Il corsaro del Fiume Rosso)

Korrekturen und Lektorat: Jenny Florstedt

Illustrationen von Corrado Sarri (1886 – 1944)

Sinkio!

Dieser Name genügte im Jahre 1889, um die Bevölkerung, die an der Südküste von Tonkin[1] lebte, in Angst und Schrecken zu versetzen. Schreckliche Geschichten erzählte man sich über den Mann, der diesen unheimlichen Namen trug; er war einer der meistgefürchtetsten Korsaren, die das Delta des Roten Flusses beherrschten.

Ich war damals nach Saigon, der Hauptstadt von Französisch-Cochinchina[2] gekommen und dabei sofort auf diesen Namen gestoßen. Nicht nur die Matrosen, die sich am Hafen aufhielten, sondern auch die Vertreter der französischen Behörden sprachen von ihm.

Neugierig wie immer hatte ich sofort Informationen über diesen Mann eingeholt, der in dieser Zeit, am Golf von Tonkin einen derart großen Schrecken verbreitete.

Doch ich bekam nur ausweichende Antworten. »Er ist ein schrecklicher Pirat«, sagten die Einen und schauten sich gleichzeitig um, so, als ob sie befürchteten, gehört zu werden. »Er ist ein Henker!«, meinten die Anderen zitternd. Mehr war nicht aus ihnen herauszuholen.

Man könnte sagen, dass alle einfach Angst hatten, auch nur ein Wort zu viel über diesen schrecklichen Menschen zu äußern.

Eines Tages war ich bei einem Mandarin[3] eingeladen, für den wir – auf Auftrag und gegen Rechnung – eine große Ladung Salz nach Kanton geschafft hatten. Nach einem üppigen

---

[1] Als Tonkin, auch Tongking, wird der nördlichste Teil von Vietnam bezeichnet.

[2] Alte Bezeichnung für den Süden Vietnams und Teile des östlichen Kambodscha; seit 1863 französische Kolonie.

[3] Chinesischer Beamter

Mahl kam das Gespräch auch auf Sinkio. Da die Gelegenheit günstig war, fragte ich meinen Gastgeber, ob er mir etwas mehr über diesen Korsaren erzählen könne.

Die Antwort, die er mir gab, war so unerwartet, dass ich wie vom Donner gerührt war:

»Würden Sie ihn gerne kennenlernen?«

Bevor ich darauf antwortete, überlegte ich. Auch wenn meine Neugier groß war, so war doch meine Vorsicht, in die sich eine gewisse Furcht mischte, nicht kleiner.

Wie nun, wenn mich dieser allseits so gefürchtete Seeräuber aus einer Laune heraus gefangen nahm, um dann ein stattliches Lösegeld zu erpressen?

Der Mandarin, der mich lächelnd ansah, schien meine Gedanken zu erraten; er fügte schnell hinzu:

»Oh nein, Sie brauchen keine Angst zu haben! Sie sind ja kein Chinese und können sich somit Sinkios Hass gar nicht zuziehen.«

»Dann ist dieser Mann also vielleicht gar nicht so schrecklich, wie es heißt?«, fragte ich.

»Doch, aber nur Chinesen gegenüber.«

»Aus welchem Grund?«

»Kommen Sie heute Abend zu mir und ich werde Ihnen alles erzählen. Wenn Sie wollen, können wir Sinkio auch treffen.«

»Und wo findet man diesen Mann?«

»Er ist näher als Sie glauben.«

»Warum wird er denn nicht festgenommen?«

Der Mandarin lächelte geheimnisvoll.

»Warum sollte man ihn festnehmen?«, fragte er dann. »Er fügt der Kolonialmacht Frankreich ja keinen Schaden zu.«

Und indem er mich verabschiedete, meinte er:

»Also, bis heute Abend!«

So wartete ich ungeduldig – und mit Herzklopfen – darauf, dass die Sonne unterging. Das von dem Mandarin vorgeschlagene Treffen beunruhigte mich doch sehr.

Kaum war die Dunkelheit hereingebrochen, sah ich, dass

sich ein Diener des Mandarins näherte; er führte mich an einen Landungssteg, an dem eines jener großen Boote wartete, die man dort *Sampan*[1] nennt und welche mit Schnitzereien und Gold reich verziert sind.

Der Mandarin erwartete mich unter einem Schutzdach im Mittelbereich, das von goldenen Säulen gestützt wurde. Der Platz war mit blauseidenen Vorhängen sowie karmesinroten Samtpolstern ausgestattet.

»Möchten Sie aufs Meer hinausfahren?«, fragte er mich. »Sie werden Zeuge eines schrecklichen Schauspiels sein, denn in dieser Nacht wird Sinkio seinen Rivalen töten.«

»Es wird also einen Kampf geben?«

»Ja, einen erbitterten, denn Tokio hat alle seine Getreuen um sich geschart und mit Waffen versehen auf seine Dschunken geschickt.«

»Wer ist dieser Tokio?«, fragte ich.

»Sinkios Feind.«

»Jetzt weiß ich zwar mehr als vorher, verstehe es aber trotzdem noch nicht.«

Statt mir zu antworten, bot mir der Mandarin eine kegelförmige, stark aromatisierte Zigarette an, lud mich ein, mich zu ihm auf die Samtkissen zu setzen und gab dann das Signal zum Aufbruch.

Der *Sampan* glitt unter der Kraft von zwölf energisch bedienten Rudern durch die trüben Gewässer des Mei-King[2]; vorbei an zahlreichen im Hafen vor Anker liegenden Schiffen, und als dann das offene Meer erreicht wurde, ging es mit voller Geschwindigkeit dann in Richtung Ostküste.

Eine tiefe Stille herrschte außerhalb des Hafens und des Flusses. Das beinahe spiegelglatte Meer reflektierte vage die Strahlen des Mondes. Von der baumbestandenen Küste her wehte ein betörender Duft, während eine kühle Brise den Rauch unserer Zigaretten vertrieb.

Ich grübelte schweigend über dieses seltsame Abenteuer. In

---

[1] Flaches, breites Ruder- oder Segelboot.

[2] Vermutlich ist der Mekong damit gemeint.

mir war eine innere Unruhe, denn mein Vertrauen in den Mandarin, den ich keine achtundvierzig Stunden zuvor erst kennengelernt hatte, war doch sehr begrenzt. Plötzlich hatte ich den Verdacht, dass er mit diesem schrecklichen Korsaren verbündet sein könnte und meine Neugier benutzt hatte, um mich in eine Falle zu locken.

Da riss mich die Stimme des Mandarins aus meinen Gedanken.

»Möchten Sie die Geschichte Sinkios erfahren?«, fragte er. »Jetzt hätte ich Zeit, sie Ihnen zu erzählen, falls Sie dazu bereit sind.«

Obwohl mir der Zeitpunkt wenig geeignet erschien, weil mich meine Sorgen quälten, siegte meine unbezwingbare Neugier auf ein außergewöhnliches Abenteuer und so antwortete ich, dass ich ihn gern anhören würde.

»Die meisten glauben«, begann der Mandarin, »dass Sinkio nur ein ganz gewöhnlicher Seeräuber ist, doch er ist ein Rächer. Die französischen Behörden wissen das, denn sie haben nie versucht, Jagd auf seine Dschunken zu machen, obwohl diese sich sehr oft ganz in der Nähe der Küste zeigen.

Sinkio hat alle Chinesen das Fürchten gelehrt, die sich in Tonkin niedergelassen haben, aber er hat weder den Tonkinesen selbst und noch viel weniger den Europäern jemals ein Haar gekrümmt.

Und dies hier ist seine Geschichte:

Vor zehn Jahren hat die chinesische Regierung die Einfuhr von Opium in ihr Reich verboten; jener entsetzlichen Droge, die selbst die stärksten Menschen innerhalb kürzester Zeit körperlich ruiniert, weil sie sie dazu bringt, sie gewohnheitsmäßig zu rauchen. Sinkio war damals ein ehrbarer Kapitän, der mit seiner Dschunke zwischen China und Japan Handel – und zwar speziell mit Opium – betrieb.

Ruiniert durch dieses Handelsverbot der chinesischen Regierung, entschloss er sich, Schmuggler zu werden. Trotz des Verbotes begann er also damit, Opium von Yokohama in die Häfen Chinas zu transportieren. Ein Militärmandarin, ein früherer Pirat, der vielleicht sogar aufgrund von Schurkereien in diesen Rang erhoben worden war, hatte geschworen, den kühnen Schmuggler auf Biegen und Brechen zu fangen.

In einer dunklen Nacht, nachdem er erfahren hatte, dass Sinkio in Kanton Opium laden würde, erwartete er ihn mit zwei großen Schiffen an der Mündung des Perlflusses. Kaum hatte er die Dschunke des Schmugglers entdeckt, da griff er sie auch schon wütend an. Doch Sinkio hatte lauter mutige und entschlossene Männer an Bord. Er nahm den Kampf an, versenkte eines der gegnerischen Schiffe durch Kanonenbeschuss und schaffte es, sich des Mandarins zu bemächtigen.

Wer auch immer an seiner Stelle gewesen wäre, hätte ihn so schnell wie möglich aufgehängt oder wenigstens mit einer Kanonenkugel auf den Grund des Meeres geschickt. Aber Sinkio war sowohl ritterlich als auch mutig. Er ließ den Mandarin schwören, ihn in Ruhe zu lassen und sich künftig nicht mehr in seine Angelegenheiten zu mischen. Dann ließ er ihn wohlbehalten und unverletzt an der Küste an Land gehen.

Während Sinkio sich großzügig gezeigt hatte, erwies sich der Mandarin im Gegenzug als äußerst rachsüchtig. Aus Wut, weil er gegen den Schmuggler den Kürzeren gezogen hatte und in Missachtung des geleisteten Schwurs, ließ er – kaum dass er in Kanton angekommen war – die Männer, die ihn dorthin gebracht hatten, enthaupten, nachdem er sie vorher noch grausam hatte foltern lassen. Sie hatten ihm verraten müssen, wo sich die Frau und die drei Kinder des Schmugglers aufhielten. Diese ließ er dann am Leuchtturm von Boccatigris[1] aufhängen, damit Sinkio sie bei seiner nächsten Landung sofort sehen solle.

Gleichzeitig verbot er allen, die Toten von diesem Ort des Grauens zu entfernen.

Dies war die Antwort auf die Großmut des Korsaren gewesen und sie war für den armen Schmuggler sicherlich wenig angemessen. Damit war der Krieg zwischen Sinkio und dem Mandarin erklärt.

---

[1] Korrekt *Bocca Tigris* = Tigertor. Gemeint ist die Einfahrt zum Kanton-Fluss, eine Enge im Perlflussdelta.

Der Schmuggler stattete eine neue Dschunke mit Besatzung und Waffen aus. Die Mannschaft fürchtet sich vor niemandem und erklärte mit unglaublicher Kühnheit dem gesamten chinesischen Reich den Krieg.

Aber was sind sechzig Männer gegen dreihundertfünfzig Millionen?

Noch hält Sinkio allen Dschunken gegenüber, die geschickt worden sind auf ihn Jagd zu machen, energisch stand. Kämpfen, welche zu gefährlich sind, entzieht er sich blitzartig durch Flucht; stattdessen stürzt er sich auf unbefestigte Küstendörfer und zerstört sie erbarmungslos, überall Verzweiflung und Verwüstung hinterlassend.

Sobald er der Meinung ist, sich genügend gerächt zu haben, wird er das Chinesische Meer verlassen und nach Tonkin gehen. Einen Mann aber hat er weder vergessen noch aufgegeben und das ist jener Mandarin. Sinkio hat geschworen, sich für all das Leid an ihm zu rächen, und er hält Wort.

Jetzt hat der Mandarin erfahren, dass Sinkio in eine kleine Bucht an dieser Küste geflüchtet ist, und will ihn noch in dieser Nacht angreifen; wir werden also einen erbitterten Kampf erleben.«

»Wer wird gewinnen?«, fragte ich.

»Es gibt auf beiden Seiten tapfere Männer. Die zwei Schiffe sind vorzüglich und gleichwertig bewaffnet und die Gegner zeichnen sich beide durch erprobten Mut aus. Das Schicksal wird entscheiden.«

Inzwischen setzte der *Sampan* seine Fahrt zur Ostküste weiterhin fort. Er hielt sich in Sichtweite des Strandes, der mit hohen Bäumen bewachsen war. Wir hatten schon mindestens zehn Meilen zurückgelegt, als mich der Mandarin auf zwei helle Punkte hinwies, die auf dem Meer blinkten.

»Sind das Schiffslaternen?«, fragte ich.

»Es sind die der Dschunke des chinesischen Mandarins«, war die Antwort.

»Sie kommen mir ganz unbeweglich vor«, meinte ich.

»Ja, denn der Mandarin wagt nicht, seinen Feind in der

Bucht anzugreifen. Er fürchtet Untiefen und erwartet ihn daher in der offenen See.«

»Können auch wir mit Kanonen beschossen werden?«

»Wir werden unbemerkt bleiben und sind dann außer Schussweite.«

»Aber Ihr Freund könnte uns mit Spionen des Mandarins verwechseln und mit einer Kugel begrüßen, was mir durchaus nicht behagen würde.«

»Sinkio wird merken, dass wir Freunde sind.«

Er erteilte seinen Männern ein paar Befehle. Bald wurde an Deck – über dem Schutzdach im Mittelbereich – eine übergroße Laterne aus Ölpapier angezündet und auch noch eine kleinere, aus grünem Papier. Danach näherte sich der *Sampan* rasch dem Ufer, drehte sich ein bisschen und fuhr in eine kleine Bucht, in deren Mitte undeutlich eine riesige und schwarze Masse zu erkennen war.

»Das ist die Dschunke Sinkios«, sagte der Mandarin.

»Werden wir an Bord gehen?«

»Ja, wenn Sie nichts dagegen haben.«

Nun konnte ich nicht mehr zurückweichen, ohne meiner Ehre als Europäer zu schaden. Im Vertrauen auf die Redlichkeit des Mandarins und des Schmugglers akzeptierte ich also den Vorschlag ohne Einwände.

Ich war wirklich sehr neugierig auf den Mann, der es sich zutraute, sich mit einer Handvoll Männer mit der bevölkerungsreichsten Macht der Welt, wenn nicht der stärksten überhaupt, anzulegen. Wir durchquerten die Bucht und erreichten pfeilschnell die Dschunke.

Dort hörten wir einen Wächter fragen:

»Wer ist da?«

»Der Mandarin Ping«, antwortete mein Begleiter.

»Vorwärts!«, hieß es und so strebten wir zum Bug der Dschunke, wo man uns sofort eine Strickleiter zuwarf.

»Klettern Sie hoch!«, sagte der Mandarin.

Ich überwand meine letzten Ängste und kletterte seitlich der Dschunke hoch zum Bug.

Einige Männer, die mit Laternen versehen waren und mich geführt hatten, sahen mich misstrauisch an. Sie waren alle von riesigem Wuchs, sahen sehr kriegerisch aus und trugen über ihren Kitteln verrostete Kettenhemden und auf den Köpfen eine Art Stahlhelme, was bewirkte, dass die Köpfe recht monströs und damit furchteinflößend wirkten.

Im Gürtel trugen sie alle jene langen Säbel, welche die Japaner *Katanas*[1] nennen, und die eine breite, gerade und rasiermesserscharfe Klinge besitzen.

»Das ist ein Freund von mir«, sagte der Mandarin, der bemerkte, dass mich einige Männer unaufhörlich misstrauisch anstarrten. »Wo ist euer Anführer?«

»Auf dem Heck«, war die knappe Antwort.

Der Mandarin nahm mich an der Hand und führte mich durch das Schiff. Die Dschunke war ein Segelschiff von massiven Formen, mit einem sehr hohen Bug, der mit riesigen Drachen geschmückt war. Sie waren in Rot gehalten und das Heck war sehr breit. Obwohl diese Schiffe nicht sehr sicher und sehr schlechte Segler sind, werden sie von allen Chinesen und auch Tonkinesen bevorzugt verwendet. Sie unternehmen oft auch sehr lange Reisen mit ihnen, wobei eine große Zahl von ihnen jedes Jahr Schiffbruch erleidet.

An Bord der Schmugglerdschunke gab es mehrere groß- und kleinkalibrige Kanonen sowie Mörser; an den Wänden hingen Stichwaffen aller Art.

Auf dem Heck stellte mich der Mandarin einem vollständig in Eisen gekleideten Mann vor. Er sah aus wie die alten Japaner, von eher gedrungener Statur und kräftigem, starkgliedrigem Körperbau.

Sein Gesicht hatte überhaupt nichts Schreckliches an sich; die schrägliegenden und kleinen Augen strahlten sogar Gutmütigkeit aus.

Als er mich erblickte, lächelte mich der berüchtigte Pirat

[1] *Katana* (auch *Shinken*) ist das japanische Langschwert. Im heutigen Japanisch wird der Begriff auch ganz allgemein für »Schwert« verwendet. Die Form der Klingen ähnelt der eines Säbels.

Auf dem Heck stellte mich der Mandarin einem vollständig in Eisen gekleideten Mann vor.

leutselig an und, nachdem er mit dem Mandarin ein paar Worte in einer Sprache gewechselt hatte, die ich nicht verstand, ergriff er meine Hand und sagte in recht gutem Französisch zu mir:

»Sinkio begrüßt Sie und freut sich, Sie auf seinem Schiff empfangen zu dürfen. Vielleicht ist es das erste und letzte Mal, dass Sie mich sehen können.«

»Stimmt es, dass Sie bald die Dschunke Ihres Feindes angreifen werden?«, fragte ich.

»Ja«, antwortete der Schmuggler, während er den Blick senkte. »Es sind jetzt zwei Jahre, dass wir einander verfolgen, um uns gegenseitig zu vernichten, sobald sich eine Gelegenheit dazu bietet. Ich muss endlich die Zerstörung meiner Familie rächen.«

Ein langer Seufzer entrang sich der breiten Brust des Schmugglers und ich bemerkte, dass seine Augen feucht geworden waren. Die Erinnerung hatte ihn außerordentlich bewegt.

»Wollen Sie Ihrem Feind nicht vergeben?«, fragte ich ihn.

Sinkio hob den Arm und zeigte auf die Takelage des Schiffes.

»Schauen Sie dorthin«, sagte er.

Ich blickte auf und sah, nicht ohne Schauder, einen mit eisernen Spitzen gespickten Querbalken, der einem riesigen Kamm ähnelte. Und gegenüber, von der Mitte des Fockmasts herab, hing in Form eines Flaschenzuges ein festes Seil.

»Wozu soll das gut sein?«, fragte ich.

»Verstehen Sie denn nicht?«, fragte Sinkio mit dem Lächeln eines Tigers.

»Ich wage nicht, es zu sagen.«

»Es ist für meinen Feind gedacht! Warten Sie ab, bis ich ihn in meiner Hand habe und ich werde ihn von einer Seite auf die andere fliegen lassen …«

»Sie sollten großmütig sein und ihn töten. Sie sind ja im Recht, doch sollten Sie ihn nicht so barbarisch umbringen.«

»Hat er Mitleid mit meinen Kindern gehabt? Hat er nicht auch meine Frau getötet? Nein, Zahn um Zahn, Auge um Auge, Kopf um Kopf! Auf Wiedersehen, mein Herr, ich werde mein Glück versuchen.«

Er gab mir die Hand und bedeutete mir durch eine Geste, zum *Sampan* zurückzukehren.

Kurz darauf gingen wir, unter dem dichten Schatten einer Gruppe von Mangobäumen, deren verschlungene Wurzeln von salzigen Wellen benetzt wurden, am Ende der Bucht an Land.

»Wir werden hier bleiben«, sagte der Mandarin. »Es wäre unvorsichtig, wenn wir auf dem Meer blieben, denn dort wird es in Kürze geradezu von allen Seiten Kanonenkugeln hageln.«

»Wer wird den Sieg davontragen?«, fragte ich.

»Der Korsar vom Roten Fluss«, antwortete er. »Er ist nicht nur stärker und tapferer als der Mandarin, sondern auch entschlossener. Morgen wird der arme chinesische Teufel die schrecklichen Spitzen des eisernen Kamms am eigenen Leib spüren …«

Die Dschunke hatte inzwischen die Segel gesetzt und den Anker gelichtet. Sie war vom Bug bis zum Heck beleuchtet. Zahllose Fackeln waren an der Reling[1] befestigt, sodass wir ganz genau sehen konnten, wie Sinkio und seine Korsaren damit beschäftigt waren, die Kanonen zu laden und alles zum Entern vorzubereiten. Obwohl die Dschunke des Mandarins beschossen wurde, segelte sie so schnell wie möglich in die Richtung der Bucht, um den Korsaren des Roten Flusses daran zu hindern, das Meer zu erreichen.

Kurz danach hörten wir den ersten Kanonenschuss, dem sofort ein weiterer folgte.

Der Gegner hatte den Angriff erwidert.

Nach diesen ersten beiden Schüssen herrschte kurz Stille, dann verstärkte sich der Kanonendonner auf beängstigende Weise. Wir sahen, wie zerfetzte Segelstangen und Holzstücke niederprasselten, doch die beiden Dschunken fuhren unbeirrt weiter aufeinander zu, sodass es aussah, als ob sie darauf aus wären, zusammenzustoßen.

Zwischen dem Dröhnen der Kanonen und dem Gewehrfeuer hörten wir immer wieder Kriegsgeschrei, aber auch das Stöhnen sterbender Kämpfer.

Die beiden Feinde waren einander ebenbürtig und auch die

[1] Also an der Verschanzung, am Schiffsgeländer.

beiden Besatzungen standen einander in nichts nach. Gewiss hatte der Mandarin die tapfersten Männer von ganz Kanton aufgeboten. Aber im Allgemeinen sind die Chinesen schlechte Kämpfer, die einem Dauerbeschuss nicht lange standhalten.

Der Pirat kämpfte ausgezeichnet und manövrierte seine Dschunke mit außergewöhnlicher Geschicklichkeit. Aber auch der Mandarin erwies sich als erfahrener und mutiger Seemann.

Plötzlich sahen wir, wie die beiden Dschunken aufeinandertrafen und dann sah es so aus, als ob ein riesiger Feuerstrahl über sie beide hinwegzöge. Der Zusammenstoß war so gewaltig, dass wir ganz deutlich das Bersten des zersplitternden Holzes hörten.

Was geschah dann? Einen Moment lang ertönten Geschrei und weitere Schüsse, dann erloschen die Fackeln und wir konnten nichts mehr sehen.

Es kam uns so vor, als ob eine der beiden Dschunken geflüchtet sei, denn einzelne Kanonenschüsse waren noch einige Zeit aus der Ferne zu hören, wurden aber immer schwächer.

Schließlich hörten die Geräusche ganz auf und das Schweigen wurde nur noch durch das Krachen der Wellen unterbrochen, welche an die monströsen Wurzeln der Mangobäume schlugen.

Der Mandarin und ich fühlten ein großes Bangen: Was war mit den beiden Dschunken passiert? Waren sie mit ihren Besatzungen untergegangen oder hatten sie sich entfernt?

Ich fragte den Mandarin.

»Als der Chinese merkte, dass er von dem Korsaren gefangen genommen werden könnte, wird er sein Heil in der Flucht gesucht haben, denke ich«, meinte er. »Die beiden Schiffe waren zu massiv und zu groß, um auf einen einzigen Beschuss hin zu versinken.«

»Wohin könnte sich der Chinese denn geflüchtet haben?«

»Das werden wir morgen erfahren«, antwortete er. »Sinkio wird bestimmt zurückkommen.«

Wir blieben bis zum Tagesanbruch in der Bucht, hörten aber keinen Kanonendonner mehr. Als die Sonne aufgegangen war, war das Meer wie verlassen; kein Segel zeigte sich mehr am Horizont.

»Kehren wir nach Saigon zurück!«, sagte der Mandarin. »Wenn Sinkio nicht tot ist, wird er von sich hören lassen.«

Also gingen wir an Bord unseres *Sampans* und vier Stunden danach erreichten wir wieder unsere Anlagestelle in der Hauptstadt von Französisch-Indochina.

Dort verbrachten wir einige Tage, ohne dass wir etwas von Sinkio gehört hätten und auch den Mandarin sah ich nicht. Ich hielt Sinkio bereits für tot, als eines Morgens ein malaiischer Diener bei mir erschien und mir mitteilte, dass der Mandarin mich sehen wolle. Ich vermutete, dass es Neuigkeiten vom Korsaren vom Roten Fluss geben könnte, und beeilte mich daher, den Tonkinesen aufzusuchen.

»Gestern Abend habe ich mit Sinkio gesprochen«, sagte er zu mir, nachdem er mir eine Zigarette und einen Becher bernsteinfarbigen Likörs, der aus einer Palmenart gewonnen worden war, angeboten hatte.

»Er ist also noch am Leben!«, rief ich.

»Gestern Abend hat er mit seiner Dschunke in der Bucht geankert. Seinen Feind hatte er an Bord.«

»Den chinesischen Mandarin?«

»Ja.«

»Wo hat er ihn gefangen genommen?«

»Etwa sechzig Meilen von hier, nachdem sie fünf Tage erbittert miteinander gekämpft hatten. Als der Chinese gemerkt hat, dass er den Männern Sinkios, die viel tapferer als die seinen waren, nicht gewachsen war, ist er – nachdem er den Angriff abgewehrt hat – geflohen, obwohl sein Schiff durch den Zusammenstoß erheblich beschädigt worden ist. Sinkio verfolgte ihn und wollte ihn keinesfalls entwischen lassen. Es galt zu verhindern, dass er in irgendeinem südchinesischen Hafen Zuflucht nehmen könnte. Nachdem er seinen Erzfeind fünf Tage und Nächte lang gejagt hat, sah sich der Chinese am Abend des sechsten Tages gezwungen, den Kampf anzunehmen, obwohl seine Besatzung inzwischen vollständig erschöpft war. Das Gemetzel war schrecklich, da die Chinesen – angesichts der bevorstehenden Niederlage – mit dem Mut der Verzweiflung kämpften. Die Hälfte von Sinkios Mannschaft fiel an Deck des feindlichen Schiffes, aber schließlich gelang es den Übrigen, die Dschunke zu erobern und den Mandarin lebend in die Hand zu bekommen.«

»Haben sie ihn umgebracht?«

»Ja, gestern Abend, nachdem sie ihm schreckliche Qualen an dem Querbalken mit den eisernen Spitzen zugefügt haben.«

»Und nun?«

»Die Mission des Korsaren ist beendet und er bereitet sich auf das Wiedersehen mit Frau und Kindern vor.«

»Das verstehe ich nicht«, sagte ich.

»Heute Abend werden Sie das besser verstehen«, antwortete der Mandarin. »Sinkio erwartet uns in der Bucht.«

»Soll ich vielleicht Zeuge irgendeiner schrecklichen Folter werden?«, fragte ich. »Falls dies der Fall sein sollte, weigere ich mich, Sie zu begleiten.«

»Nein, denn alle Chinesen, die zur Besatzung gehört haben, sind bereits tot«, entgegnete der Mandarin. »Sie können ohne Befürchtungen kommen.«

Beim Mittagessen redeten wir über alles Mögliche, außer über den Korsaren vom Roten Fluss. Als die Sonne untergegangen war, bestiegen wir den *Sampan*, der uns zur Bucht bringen sollte.

Wir erreichten sie erst gegen zwei Uhr morgens, weil wir gegen eine heftige Gegenströmung zu kämpfen hatten.

Wie schon beim ersten Mal lag die Dschunke des Korsaren in der Mitte der Bucht vor Anker. An den Masten, am Bug, am Heck und an allen Seitenwänden waren brennende Laternen angebracht, als ob ein Fest vorbereitet werden würde.

Als wir an Bord der Dschunke waren, erblickte ich staunend einen aufgeschichteten Haufen mit Holzscheiten, der nahezu die ganze Mitte des Decks einnahm.

Der Pirat trat lächelnd auf mich zu.

Er trug wieder seine kriegerische Kleidung; in seinem Gürtel steckten diesmal zwei *Katanas*, nicht einer wie beim ersten Mal.

»Ich freue mich, Sie wiederzusehen, bevor ich für immer gehe«, sagte er und schüttelte mir die Hand. »Sagen Sie den Franzosen in Saigon, dass Sinkio nie mehr hierher zurückkehren wird und dass sie nie mehr von ihm hören werden.«

»Gehen Sie auf eine längere Reise?«, fragte ich ihn.

Er antwortete mit einem Lächeln und fügte nach kurzem Schweigen mit trauriger Stimme hinzu:

»Es sind jetzt vier Jahre[1], die meine Frau und meine Kinder auf mich warten.«

Er drückte mir erneut kräftig die Hand, umarmte meinen Begleiter und bedeutete er uns dann, wieder in unseren *Sampan* zu steigen.

In diesem Moment bemerkte ich, dass auch seine Leute die Beiboote bestiegen hatten und sich auf das Ufer zubewegten.

»Fährt er allein?«, fragte ich den Mandarin.

»Ja«, war die Antwort.

»Wie will er denn die Dschunke steuern?«

»Für die Reise, die er unternehmen will, braucht man keine Matrosen«, sagte er. »Schauen Sie!«

Die Dschunke begann, sich zu entfernen. Der Wind begünstigte ihre Fahrt, die Segel waren alle gesetzt.

Sinkio stand am Steuer. Er grüßte ein letztes Mal, dann wandte er uns den Rücken zu, um auf sein Schiff zu achten, das sich nun schnell aufs offene Meer hinaus bewegte.

Es war etwa eine Meile entfernt, als ich plötzlich eine riesige Feuersäule an Deck gewahrte, die das Meer ringsum gespenstisch beleuchtete.

»Die Dschunke brennt!«, schrie ich.

»Und Sinkio wird bald seine Frau und seine Kinder wiedersehen«, sagte der Mandarin.

Ich starrte ihn entsetzt und zugleich bewegt an.

---

[1] Weiter vorne schreibt Salgari »zwei Jahre«. Dieser offensichtliche Fehler wurde in der Übersetzung beibehalten, da aus dem Text sonst nirgendwo hervorgeht, welche Zeitangabe die richtige ist.

»Sinkio hat seine Rache vollendet, nun tritt er seine Reise in das Land ohne Wiederkehr an«, fügte der Mandarin hinzu.

Die Dschunke stand jetzt vollständig in Flammen und entfernte sich immer weiter von uns. Dichte, rötliche Rauchschwaden hüllten sie vollständig ein.

So vergingen etwa zehn Minuten, dann sah ich, wie das Feuer mit einem Mal erlosch. Der Korsar war mitsamt seinem Schiff untergegangen …

»Kehren wir nach Saigon zurück«, sagte der Mandarin mit einem tiefen Seufzer. »Alles ist vorbei.«

Und wehmütig und schweigend verließen wir die Bucht, während ein erster Sonnenstrahl das Meer erhellte.

Vom gleichen Autor erschien
in der Reihe der

Taschenschmöker aus Vergangenheit und Gegenwart

Emilio Salgari: In der Eiswüste
102 Seiten – ISBN 9978-3-943275-08-7

Erzählungen aus arktischen Regionen in deutscher Erstausgabe:
Die Wolfsjäger; Ein Abenteuer in Sibirien; Im Treibeis der Arktis;
Die Eiswüste; Lawinen im Ural

In gleicher Ausstattung sind die folgenden Bände erschienen:

Taschenschmöker aus Vergangenheit und Gegenwart

In der Reihe Taschenschmöker aus Vergangenheit und Gegenwart erscheinen Werke der klassischen Unterhaltungsliteratur, die seit vielen Jahrzehnten nicht mehr, oder noch niemals in deutscher Sprache verlegt worden sind.

1. *Jules Verne/Michel Verne*	Der Humbug Vier Erzählungen
2. *Alexandre Dumas*	Eine Amazone Zwei Erzählungen
3. *Gustave Aimard*	Eine mexikanische Rache. Eine Erzählung aus dem wilden Mexiko
4. *Jules Verne*	Der Weg nach Frankreich Ein Roman
5. *Friedrich J. Pajeken*	In Sturm und Not Eine Erzählung
6. *Jules Verne*	Der Graf von Chanteleine Eine Episode aus der Revolutionszeit
7. *Jules Verne/Emilio Salgari/ Karl May u. a.*	Ein Drama in den Lüften Erzählungen aus luftigen Höhen
8. *Alexandre Dumas*	El Salteador Ein Roman aus der Zeit Karls V.
9. *Emilio Salgari*	In der Eiswüste Erzählungen aus arktischen Regionen
10. *Sir John Retcliffe*	Das tote Haus Eine Novelle aus Düsseldorfs Vorzeit
11. *Gustave Aimard*	Der Löwe der Wildnis Zwei Erzählungen aus dem wilden Mexiko
12. *Sir John Retcliffe*	Der letzte Wäringer Historische Novelle aus den Tagen der Eroberung Konstantinopels
13. *Emilio Salgari*	Die Rose vom Dong-Giang Eine abenteuerliche Novelle aus Cochinchina
14 *François-Édouard Raynal*	Die Schiffbrüchigen Zwanzig Monate auf einem Riff der Aucklandsinseln

– Weitere Bände in Vorbereitung –